普通高等教育汽车类专业系列教材

CATIA 汽车结构设计教程

万长东　鲁春艳　朱　珠　编著

机械工业出版社

本书由浅到深、循序渐进地介绍了 CATIA 软件的基本操作及基本命令的使用，并配合实际工程案例讲解，使读者尽快掌握 CATIA 的常用模块：草绘制图、零部件设计、创成式外形设计、装配设计、工程制图、逆向设计等，最后以汽车制动器为主开展结构设计的综合训练。本书内容以实践为基础，先讲建模思路，再讲建模过程，在设计过程中注解注意事项，培养读者良好的建模习惯。本书可作为高校相关专业的教材，也可作为工程技术人员快速掌握 CATIA 软件的自学教程。

图书在版编目（CIP）数据

CATIA 汽车结构设计教程/万长东，鲁春艳，朱珠编著 .—北京：机械工业出版社，2022.1（2025.1 重印）

普通高等教育汽车类专业系列教材

ISBN 978-7-111-69408-3

Ⅰ. ①C… Ⅱ. ①万… ②鲁… ③朱… Ⅲ. ①汽车 – 车体结构 – 结构设计 – 计算机辅助设计 – 应用软件 – 高等学校 – 教材 Ⅳ. ① U463.82-39

中国版本图书馆 CIP 数据核字（2021）第 213115 号

机械工业出版社（北京市百万庄大街 22 号　邮政编码 100037）

策划编辑：何士娟　责任编辑：何士娟

责任校对：王　欣　封面设计：张　静

责任印制：常天培

固安县铭成印刷有限公司印刷

2025 年 1 月第 1 版第 5 次印刷

184mm×260mm · 14.25 印张 · 333 千字

标准书号：ISBN 978-7-111-69408-3

定价：79.90 元

电话服务　　　　　　　网络服务

客服电话：010-88361066　机　工　官　网：www.cmpbook.com

　　　　　010-88379833　机　工　官　博：weibo.com/cmp1952

　　　　　010-68326294　金　书　　　网：www.golden-book.com

封底无防伪标均为盗版　机工教育服务网：www.cmpedu.com

前　言

　　近年来，汽车产业蓬勃发展，中国汽车产销量连续 10 多年全球第一。随着新能源汽车的快速布局与发展，汽车研发阶段结构设计人才越发紧缺。CATIA 是多数汽车企业研发使用的主要工程设计软件之一，该软件是法国达索公司的产品，功能十分强大，可以通过建模帮助制造厂商设计其产品，并支持从项目前阶段到具体的工程设计、分析、模拟、组装，以及包括维护在内的全设计流程。CATIA 软件广泛应用于航空航天、汽车、船舶、机械、电子电器、消费品等行业。

　　本书紧密结合汽车数字化设计应用型人才工程素质要求，采用校企合作方式共同开发，书中多数案例为实际工程案例，以期达到良好的学习效果。本书侧重于工程实践，系统性和工程实用性强，可作为高校相关课程教材或参考书，同时也可作为广大从事工程设计的技术人员的自学参考书。

　　本书共 9 章，前 8 章讲解了 CATIA 正逆向设计分模块，第 9 章主要以制动器为例介绍了逆向与正向工程设计。其中第 1 章主要讲解 CATIA 常见的界面与工具栏基本操作；第 2 章主要通过一些案例讲解草图绘制；第 3 章通过案例讲解零部件设计模块；第 4 章主要讲解零件建模的布尔操作；第 5 章主要讲解创成式外形设计模块，通过旋钮、中控烟灰缸缸盖案例阐述曲面建模过程；第 6 章主要以汽车空压机为例讲解装配设计模块及运动仿真；第 7 章以汽车空压机为例讲解工程制图模块；第 8 章主要讲解逆向设计模块，以悬架底座和车锁限位摆杆为例讲解逆向设计过程；第 9 章主要以制动器为例介绍了较为完整的建模过程，其中涉及制动器钳体、制动器支架、摩擦片的逆向设计，以及制动盘、制动器活塞等的零件建模，进而将各零件进行装配并做装配干涉检查，最后以制动器支架为例生成工程图。

　　本书还配备了课程网址，其中提供了一些素材和教学视频，供大家参考：http://mooc1-1.chaoxing.com/course/203980960.html。该网站将不断更新课程内容。

　　本书是苏州市职业大学联合苏州六者科技有限公司共同开发的，六者科技提供了大量的实际工程案例和设计规范及流程，使得本书具有更强的操作性，以期实现学习内容与岗位实践相一致。同时本书还得到了上海前锐汽车技术服务有限公司的技术支持和软件支持。在此对他们表示衷心的感谢，另外感谢田玉祥在本书编写过程中给予的帮助，感谢各位同事与朋友的支持和鼓励。

　　由于编者水平有限，书中难免存在各种不足之处，望广大读者不吝指教，对本书的不足之处给予指导和纠正。

　　本书配备教学课件，选用本书作为教材的教师可在机械工业出版社教育服务网（www.cmpedu.com）注册后免费下载。

　　客服人员微信：13070116286。

编　者

目　录

前　言

第 1 章　CATIA 基本操作 ·· 001

1.1　CATIA 的用户界面与工具 ··· 001
 1.1.1　基础操作 ··· 001
 1.1.2　基本工具栏 ·· 001
 1.1.3　视图工具栏 ·· 002
 1.1.4　测量工具栏 ·· 002
 1.1.5　用户选择过滤器工具栏 ······································ 002
 1.1.6　当前几何体、消参和不保留 ································ 003

1.2　CATIA 的模块与工具栏设置 ·· 003
 1.2.1　模块的设置 ·· 003
 1.2.2　添加多模块命令的设置 ······································ 004
 1.2.3　更新设置 ··· 004
 1.2.4　保存设置 ··· 005
 1.2.5　锁定目录树 ·· 006
 1.2.6　颜色和透明度设置 ·· 006

第 2 章　草图绘制 ·· 007

2.1　根据所给案例绘制草图 ··· 007
 2.1.1　案例 1 ··· 007
 2.1.2　案例 2 ··· 011

2.2　练习 ··· 014
 2.2.1　练习 1 ··· 014
 2.2.2　练习 2 ··· 015
 2.2.3　常用绘图命令与约束符号 ···································· 016

第 3 章　零部件设计 ··· 017

3.1　零部件设计简介 ·· 017
3.2　简单零部件的设计 ··· 017

3.2.1	铸件 1	017
3.2.2	铸件 2	020
3.3	复杂零部件的设计	022
3.4	练习	060

第 4 章　布尔操作 ·· 061

4.1　布尔操作及常用的命令 ·· 061
4.2　案例 ·· 061
    4.2.1　支架布尔案例 ·· 061
    4.2.2　叶轮的布尔案例 ·· 063
    4.2.3　后视镜支架结构更改案例 ·· 066
4.3　练习 ·· 076

第 5 章　创成式外形设计 ·· 077

5.1　创成式外形设计简介 ·· 077
5.2　创成设计案例 ·· 077
    5.2.1　旋钮建模案例 ·· 077
    5.2.2　中控烟灰缸缸盖修模 ·· 082

第 6 章　装配设计 ·· 091

6.1　装配设计简介 ·· 091
6.2　DMU 设计简介 ·· 091
6.3　装配设计命令详解 ·· 091
6.4　装配设计案例 ·· 093
6.5　DMU 仿真案例 ·· 097

第 7 章　工程制图 ·· 104

7.1　工程制图简介 ·· 104
7.2　某空压机后端盖工程图绘制 ·· 104

第 8 章　逆向设计 ·· 112

8.1　逆向设计简介 ·· 112
8.2　悬架底座的逆向设计 ·· 112
    8.2.1　悬架底座逆向设计思路 ·· 112
    8.2.2　悬架底座逆向建模过程 ·· 113

8.3	案例	128
	8.3.1 车锁限位摆杆逆向设计思路	128
	8.3.2 车锁限位摆杆逆向建模过程	130

第9章 综合训练：汽车制动器结构设计 ··· 150

9.1	制动器钳体的逆向设计	150
	9.1.1 制动器钳体逆向设计思路	150
	9.1.2 制动器钳体逆向设计点云前处理	151
	9.1.3 建立制动钳体上弧面	156
	9.1.4 建立上部梯形孔侧面	159
	9.1.5 建立制动钳体侧面及弧面	160
	9.1.6 建立左右台阶面	162
	9.1.7 建立前面洞孔面	163
	9.1.8 建立左右角小面	165
	9.1.9 修剪与接合制动前体外表面	166
	9.1.10 建立制动钳体内部侧面	167
	9.1.11 建立制动钳体内部上弧面	168
	9.1.12 建立制动钳体边界面	170
	9.1.13 建立制动钳体内部左右面	173
	9.1.14 联合修剪接合已经做好的面	177
	9.1.15 建立钳体后面注油圆台	178
	9.1.16 建立活塞圆柱面	179
	9.1.17 建立左右螺纹孔面	181
	9.1.18 建立后部的圆弧大面与小面	183
	9.1.19 建立后部小结构	185
	9.1.20 接合本节创建的面	186
	9.1.21 整体倒圆处理	187
	9.1.22 生成实体	189
	9.1.23 小结	190
9.2	制动器支架的逆向设计	191
	9.2.1 制动器支架设计思路	191
	9.2.2 确定与调整对称中心面	192
	9.2.3 建立制动器支架中间内前面	195
	9.2.4 建立内部弧面	197
	9.2.5 建立右侧逗号面	198

9.2.6	建立内前面	199
9.2.7	建立筋面及接合周边面	200
9.2.8	建立左右两侧端面	202
9.2.9	建立后端面	202
9.2.10	接合完成整体面	203
9.2.11	生成实体	204

9.3 制动器摩擦片的逆向设计 … 205
9.3.1 制动器支架设计思路 … 205
9.3.2 建立周围面 … 205
9.3.3 建立上部面 … 207
9.3.4 建立底部侧面 … 207
9.3.5 建立底部面 … 208
9.3.6 修剪合并摩擦片整体面 … 208
9.3.7 完成摩擦片的设计 … 209

9.4 制动盘的设计 … 209
9.5 制动器活塞的设计 … 210
9.6 制动器架上面导柱的设计 … 211
9.7 制动器结构装配 … 212
9.7.1 制动器装配思路 … 212
9.7.2 制动器装配过程 … 212
9.7.3 制动器装配干涉检查 … 215

9.8 制动器支架工程图 … 215
9.8.1 进入工程制图模块 … 215
9.8.2 绘制制动器支架工程图 … 216

9.9 总结 … 219

第 1 章　CATIA 基本操作

CATIA V5 是法国达索系统公司（Dassault Systèmes）推出的新一代软件解决方案产品。该软件致力于满足以设计流程为中心的设计需求，提供了业界领先的基于特征的设计功能，是装配体设计、二维图生成的高效工具，可运行于 UNIX 及 Windows 两种环境，与 Windows 的当前标准完全兼容，最常用的模块有零部件设计、创成式设计和装配设计，另外 DMU 仿真模拟和点云逆向模块也会被用到。

1.1　CATIA 的用户界面与工具

1.1.1　基础操作

1）按住鼠标中键，拖动鼠标，可以移动界面中的模型。
2）按住鼠标中键+右键，可以围绕一个点旋转模型。
3）拖动光标位置，单击中键，可以确定旋转点的位置（这个点最好在模型上）。
4）按住鼠标中键单击右键再拖动鼠标可以将模型放大或缩小。
5）双击模型或者目录树中的单元，可以将设置为当前对象，右击选择定义为当前对象也可以。
6）右击模型选择"居中"可以将模型居中，选择"将图居中"可以将目录树中的单元居中。

1.1.2　基本工具栏

基本工具栏如图 1.1.1 所示。

图 1.1.1　基本工具栏

1）🗋新建文档。创建一个新文档。也可以在命令栏上插入，单击文件选项，
2）📂打开文档。打开一个已有的文档。可以在文件中打开。
3）💾保存文档。保存当前建立的文档。可以在文件中打开。

4）打印。打印文档。可以在文件中打开。

5）剪切。剪切文件。右键单击目标文件也可操作。

6）复制。复制文件。右键单击目标文件也可操作。

7）粘贴。粘贴剪切或复制来的文件，粘贴形式可分为完全粘贴、关联性粘贴和按结果粘贴，不同情况下区别使用。右键单击也可操作。

8）撤消操作。撤消上一步操作。

9）恢复撤消。恢复上一步撤消。

1.1.3 视图工具栏

视图工具栏如图 1.1.2 所示。

图 1.1.2 视图工具栏

1）居中。将界面中的模型居中放置。

2）法线视图。沿选定平面的法线方向观察物体。

3）轴视图。沿选定的轴线方向观察物体（不常用到）。

4）隐藏与显示。选中目标单击，可以将目标隐藏，再选择被隐藏的目标单击，目标就会被显示。右击要选择目标也可以进行操作。

5）显示所有。单击这个命令，便可以显示所有被隐藏的视图。单击右键也可以操作。

6）这个命令是视图效果，单击其下的三角形箭头会出现许多拓展选项，单击选项来切换视图效果，在一些特殊的情况下才会用到不同的视图，一般都用原始的视图。

1.1.4 测量工具栏

测量工具栏如图 1.1.3 所示。

1）距离测量。这个命令可以测量点到点，点到线，点到面，线到面，面到面的最小距离和角度。

2）几何测量。这个命令可以测量几何物体的边线长度，面积和圆角大小，拓展命令可以测量几何体厚度。

图 1.1.3 测量工具栏

3）质量测量。使用这个命令，在输入特定的密度值后就可以测量出物体的质量。

1.1.5 用户选择过滤器工具栏

用户选择过滤器工具栏如图 1.1.4 所示。

用户选择过滤器中有四个选项，分别为点、线、面、体。鼠标单击后激活，再单击一次取消激活。在激活状态

图 1.1.4 用户选择过滤器工具栏

第 1 章 CATIA 基本操作

下只能选取激活的目标，例如点过滤器被激活，那么界面中能被选中的目标便只有点，其余的几何图形不能被选中。可以同时激活多个选项。

1.1.6 当前几何体、消参和不保留

当前几何体、消参和不保留图标如图 1.1.5 所示。

1）仅当前几何体。单击这个图标，界面上其他模型都会消失，只会显示你选定的定义对象；

2）消参和不保留。这两个命令通常结合在一起用，在创成式设计中应用较多。绘图前同时双击激活这两个命令，再绘图时界面中便只会保留一张消参的面，之前的操作会自动删除。

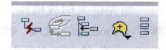

图 1.1.5 当前几何体、消参和不保留图标

1.2 CATIA 的模块与工具栏设置

1.2.1 模块的设置

Catia 的模块有很多，一般常用的只有几个，可以将常用的模块放在开始界面中的置顶位置。

1）首先单击命令栏中的工具（Tools）选项，如图 1.2.1 所示。

图 1.2.1 桌面命令栏

2）然后在展开的目录栏中选择自定义（Customize）选项，弹出自定义窗口，如图 1.2.2 所示。

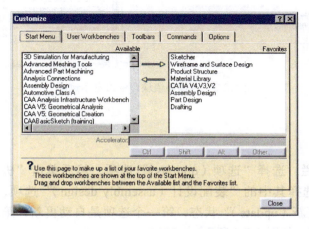

图 1.2.2 工具栏自定义窗口

003

3）单击开始菜单（Start Menu）选项，在左侧选择要添加的模块，单击中间向右的箭头，它就会出现在右侧的方框中，如此便添加成功。同样如果想移除模块，则从右侧选中将其移到左侧的方框中。

1.2.2 添加多模块命令的设置

在平时的使用中，常常会遇到两个模块需要来回切换的情况。这种情况下，只需要将一个模块的命令添加到另一个模块中，便可以在同一个模块中同时使用两个模块的命令。

如先进入创成模块，依旧按照上述步骤图 1.2.1 和图 1.2.2 打开自定义窗口，单击工具栏（Toolbars）选项，然后单击"新建（New）"选项新建工具栏；在"新工具栏（New Toolbars）"的左侧方框中选择一个模块（如 Part Design），然后在右侧的方框中选择该模块中要用到的命令，单击确定按钮，该工具栏就会添加到当前的模块。一次操作只能添加一个工具栏，若要添加多个工具栏，需要多次操作，如图 1.2.3 所示。

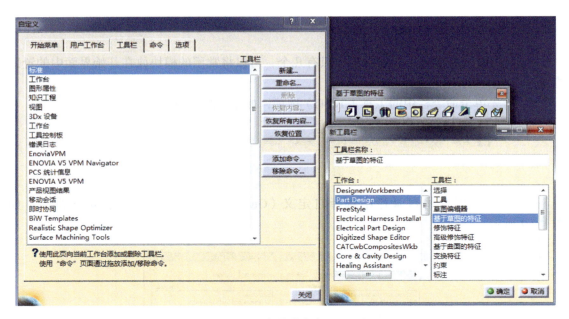

图 1.2.3 添加多模块命令设置示例图

1.2.3 更新设置

依旧打开工具栏，选择"选项（options）"选项，然后单击"机械设计（mechanical design）"选项，再选择其中的"装配设计（assembly design）"选项，设置第一个"常规（general）"下的"更新（update）"状态，第一个选项是自动更新，第二选项是手动更新，一般选择用手动更新，如图 1.2.4 所示。

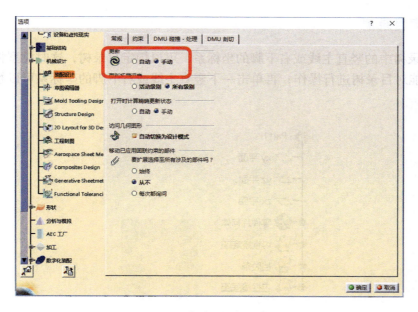

图 1.2.4 自动更新与手动更新

1.2.4 保存设置

在操作软件绘图时，要记得及时保存数据，也可以设置成自动更新。同样打开"选项（options）"界面，单击"常规（general）"，设置下面的"数据保存（date save）"一栏，将其改为自动备份，频率根据自己的需求调节，如图 1.2.5 所示。

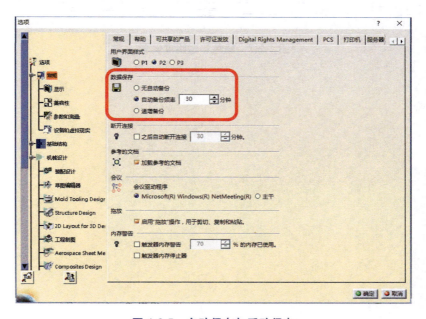

图 1.2.5 自动保存与手动保存

1.2.5 锁定目录树

单击目录树中的竖直主线或右下脚的坐标系,可以锁定目录树,这时模型将变黑,无法操作,只能对目录树进行操作;再单击一下竖直主线或右下脚的坐标系可以解锁,如图1.2.6 所示。

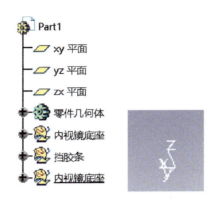

图 1.2.6　目录树示意图

1.2.6 颜色和透明度设置

选择你要着色的面或者体,单击下拉颜色和透明度窗口就可以修改颜色和透明度,也可以右键单击所选目标,单击属性进行设置,如图 1.2.7 所示。

图 1.2.7　颜色和透明度设置

第 2 章 草图绘制

2.1 根据所给案例绘制草图

草图绘制在 CATIA 建模当中起着重要的作用。建模时，通常都是先建立草图，然后再通过草图的特征创建实体。当进行一个几何零件建模时，都会用到草图，因此学好草图这个模块是很重要的。

2.1.1 案例 1

1. 要求

以草图界面的坐标原点为圆心绘制圆，然后绘制图 2.1.1 的草图，要求草图全约束。

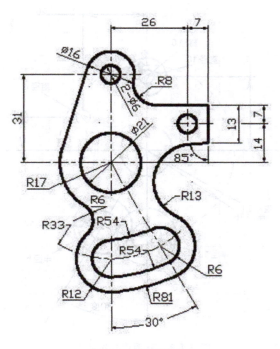

图 2.1.1 草图示例

2. 绘制过程

通过下拉菜单依次选择：开始—机械设计—零件设计。然后选择 xy 平面，点击草图 。

1）以草图界面的坐标原点为中心画两条相互垂直的轴线，一条约束为竖直，一条约束为水平。

2）以草图界面的坐标原点为圆心画出基准圆，约束直径为 21mm，固定位置，如图 2.1.2 所示。

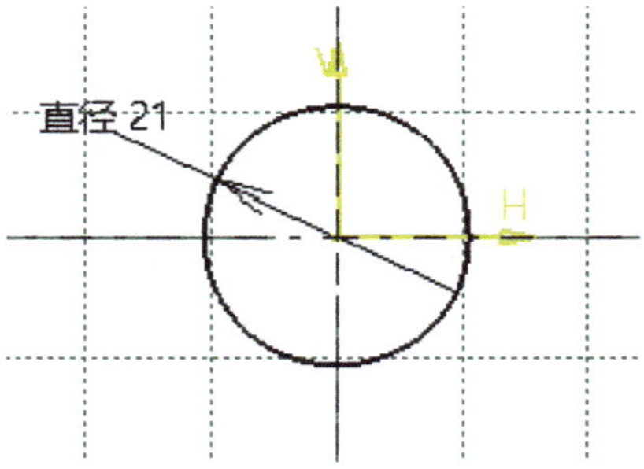

注：草图绘制过程类似 AutoCAD，但概念又不一样，AutoCAD 是标注尺寸，而 CATIA 里是约束尺寸大小及位置关系。

① 在画草图的过程中，如果已经画出的草图较多，那么在画线时经常会自动约束其位置关系。如果不需要自动约束，则按住 <Shift> 键即可。

② 草图全约束时应该是绿色的，即当草图全绿时则无法再对草图进行更改，除非更改约束；如果草图不是绿色，还能被鼠标拖动或变形，则是约束不完全。

图 2.1.2 草图建立过程 1

3）以轴线为参考线画出弧线和圆，再进行尺寸约束和位置约束，如图 2.1.3 所示。

注：① 与基准图形的位置关系要约束全，不能漏约束。
② 圆多的地方要注意，圆的半径不要标错，位置关系要清楚。

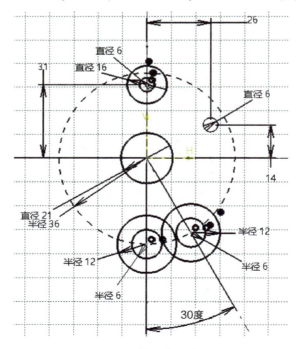

图 2.1.3 草图建立过程 2

4）先画出下部的腰形扇面和外圈。首先画出两个半径 54mm 的弧形与里面的两个小圆相切，再画一个半径为81mm的弧形与外面两个大圆相切，如图2.1.4所示。

注：① 这个地方要格外注意圆弧与圆的约束，圆弧端点要约束在圆上。

② 注意外切和内切的方向，不要反了。

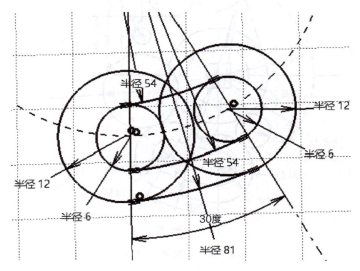

图2.1.4　草图建立过程3

5）裁剪剪去多余的部分，如图2.1.5所示。

注：① 这个地方要注意剪切的时候不要漏剪。

② 许多地方修剪完后约束就会改变，因而每次修剪完都要再检查一下约束。

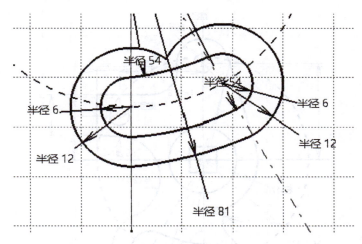

图2.1.5　草图建立过程4

6）画出外圈轮廓，如图2.1.6所示。

注：① 形状多半是由完整的几何图形修剪而来，要清楚每一个几何图形是轮廓的哪一部分，要有逻辑的依次绘画。

② 采用圆弧画法时，要注意线的端点是否接合。

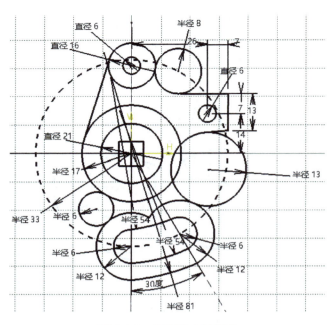

图 2.1.6　草图建立过程 5

7）剪去多余的边线，如图 2.1.7 所示。

注：① 修剪轮廓的操作比较繁琐，要按顺序依次修剪。

② 修剪完，退出草图之后，轮廓应该是连续的线条。如果轮廓上出现多余的黑点，则说明草图有问题，应重新进入草图进行修改。

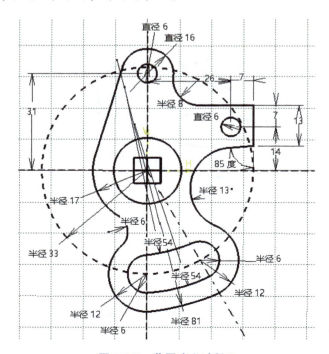

图 2.1.7　草图建立过程 6

第 2 章 草 图 绘 制

3. 最终结果

1)草图效果如图 2.1.8 所示。

2)拉伸成实体效果如图 2.1.9 所示。

图 2.1.8 草图完成图

图 2.1.9 拉伸实体图

2.1.2 案例 2

1. 要求

以草图界面的坐标原点为圆心绘制圆,然后完成图 2.1.10 的绘制,草图全约束。

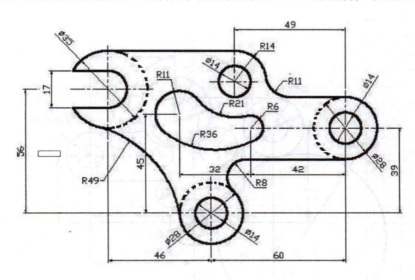

图 2.1.10 草图示例图

2. 绘制过程

1)以草图界面的坐标原点为圆心画出基准圆,并画出轴线,如图 2.1.11 所示。

2)根据基准圆画出其他结构,如图 2.1.12 所示。

注:在这些结构中,对于那个直径为 14mm 的圆,因为它是不能直接与基准图形有位

置关系的约束,所以只有将其他结构画出来才能找到它的位置。

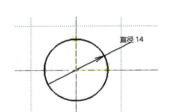

图 2.1.11　草图建立过程 1

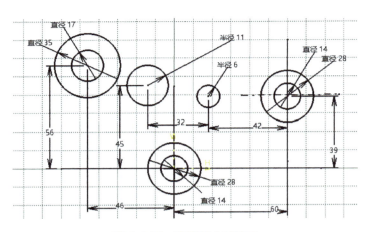

图 2.1.12　草图建立过程 2

3)根据已经画出的结构画出轮廓,如图 2.1.13 所示。

注:在此务必注意圆与圆相切的位置关系,谁与谁相切,外切还是内切,约束起来比较麻烦,建议先大致摆好圆的位置再加约束(因为这里的圆已经很多了,所以之前提到的那个直径为 14mm 的圆没在这里加上)。

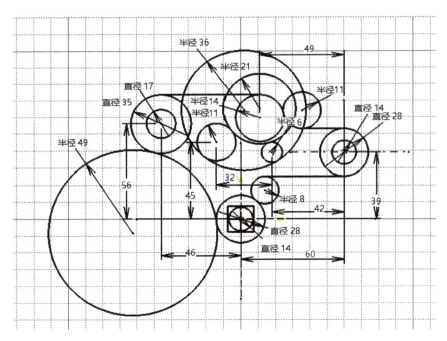

图 2.1.13　草图建立过程 3

4)修剪多余的边线,如图 2.1.14 所示。

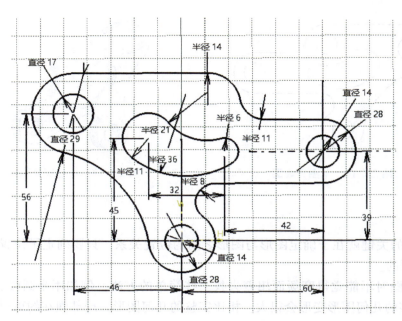

图 2.1.14　草图建立过程 4

5）再做一些局部的修剪，如图 2.1.15 所示。

注：这里结构已经很明了，可以加上之前没有画的小的结构（那个直径为 14mm 的圆）。

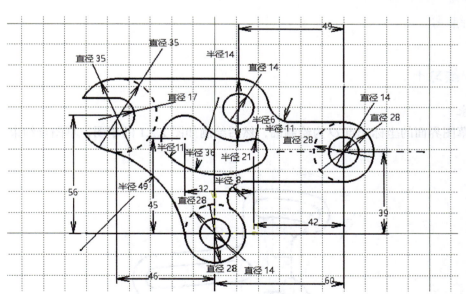

图 2.1.15　草图建立过程 5

3. 最终结果

1）草图效果如图 2.1.16 所示。
2）拉伸成实体效果如图 2.1.17 所示。

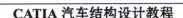

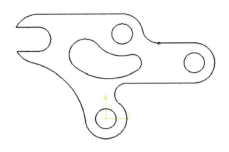

图 2.1.16 草图完成图

图 2.1.17 拉伸实体图

4. 总结

1）草图的关键就在于确定图形与图形之间的位置关系，只要确定了位置关系，画起来还是很方便的。

2）画草图时不能觉得麻烦而想着去找一些简单的方法，例如用半圆弧去代替圆弧，有时候不完整的几何图形变形会很大。相比完整的几何图形，局部圈在约束时如果产生了巨大的变形，反而会使过程更加繁琐。

3）画图时要注意先后顺序，层次关系，正确的先后顺序会使图形画起来很简单明了。

4）约束要清楚，许多时候图形太多约束也会很多，交错在一起若是不清楚就会搞混淆。

2.2 练习

2.2.1 练习1

要求

以草图界面的坐标光点 O 为绘制圆，然后绘制如图 2.2.1 的草图，草图全约束。

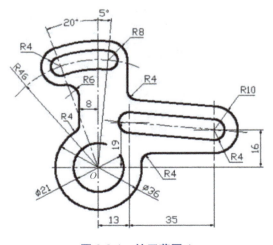

图 2.2.1 练习草图 1

2.2.2 练习 2

要求

以草图界面的坐标光点 O 为绘制圆，然后绘制如图 2.2.2 的草图，草图全约束。

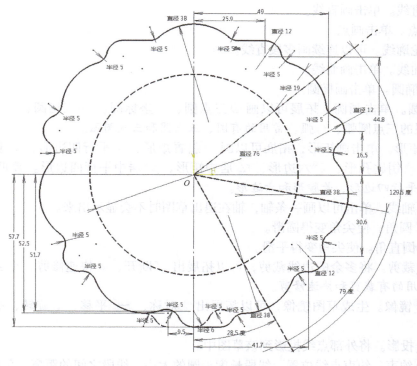

a) 练习2整体视图

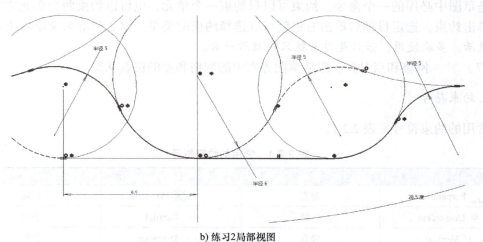

b) 练习2局部视图

图 2.2.2　练习草图 2

2.2.3 常用绘图命令与约束符号

1. 常用绘图命令

1) 草图。单击激活，再点击一个平面，然后进入草图界面。
2) 退出。单击退出草图界面。
3) 直线。单击画直线。
4) 点。单击画点。
5) 轮廓线。可以连续画多段直线。
6) 曲线。单击画曲线。
7) 椭圆。单击画椭圆。
8) 圆。单击画圆，拓展可以画 三点圆、坐标圆、三切圆、三点圆弧、起始受限的三点圆弧、弧。常用的有圆、三点圆和三点圆弧。
9) 矩形。单击画矩形，拓展可以画 斜置矩形、平行四边形、长腰形、弧长腰形、钥匙孔形、六边形、居中矩形、居中平行四边形。常用的有矩形、斜置矩形、平行四边形、长腰形和六边形。
10) 轴线。单击可以画一条轴，轴在退出草图时不会显示出来。
11) 圆角。使尖角变得圆滑。
12) 倒直角。使尖角变得平滑。
13) 裁剪。将多余的边线裁剪，可以拓展出 断开、快速修剪、封闭弧、修补弧。常用的有裁剪和快速修剪。
14) 镜像。生成草图镜像，可以拓展出 对称、平移、旋转、缩放、偏移。
15) 投影。将外部点线投影到该草图中。
16) 约束。约束点线位置、线段长度、圆的大小、线段之间的距离、角度、平行度等，是草图中必用的一个命令。约束可以只约束一个单元，也可以约束两个单元之间的关系。单击约束，选定目标后单击右键就可以选择约束的类型。以上所有的命令双击都可以长久激活，多次使用，若只是单击就只能激活一次。
17) 网格和点对齐。激活草图界面中的网格和点的位置状态。

2. 约束符号

常用的约束符号见表 2.2.1。

表 2.2.1 常用的约束符号

符号	含义	符号	含义
Perpendicula	垂直	Fix	固定
Coincident	一致	Parallel	平行
Vertical	竖直	D 50 Diameter	直径
Horizontal	水平	Concentric	同心
R 25 Radius/ Distance/ Length	半径/距离/长度		

第 3 章 零部件设计

3.1 零部件设计简介

实体零件设计模块为 3D 机械零件设计提供了众多强大的工具,可以满足从简单零件设计到复杂零件设计的各种需求。

零件设计模块基于草图和特征设计,也可以在装配环境中作关联设计,并且可以在设计过程中或设计完成以后进行参数化处理。图形化的树状结构可以清晰地表示出零件的特征组织结构,利用它用户可以更方便地了解设计过程,并对特征进行操作管理,提高设计修改能力。

本章主要通过讲述两个铸件和一个后端盖的设计过程,来让读者们明白零部件设计工作平台中各命令的功能及使用方法。后续会提供一些练习来让读者练习,以加强对命令的理解与应用。

3.2 简单零部件的设计

3.2.1 铸件 1

1. 要求

根据图 3.2.1 给出的数据,合理运用零部件中的命令,画出零件。

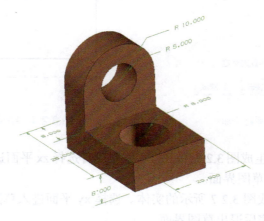

图 3.2.1 铸件 1 模型图

2. 建模思路

建模思路参考图 3.2.2。

注：该思路仅用于读者熟悉软件操作，不一定是最佳方法。

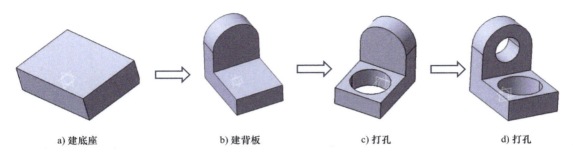

图 3.2.2　铸件 1 建模思路

3. 建模过程

1）通过下拉菜单：文件—新建—part，如图 3.2.3 所示，选择 xy 平面，进入草图，绘制如图 3.2.4 所示的草图，画完后退出草图界面。

注：混合设计不需要勾选！

图 3.2.3　新建 Part

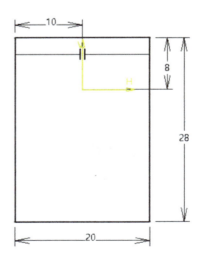

图 3.2.4　铸件 1 草图

2）运用凸台命令生成图 3.2.5 所示的实体。接着选择 zx 平面进入草图，绘制图 3.2.6 所示的草图，画完后退出草图界面。

3）运用凸台命令生成图 3.2.7 所示的实体。选择 xy 平面进入草图，绘制出相应位置的圆，如图 3.2.8 所示，画完后退出草图界面。

第 3 章
零部件设计

图 3.2.5　生成特征

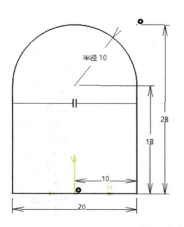

图 3.2.6　绘制 zx 面草图

图 3.2.7　生成特征

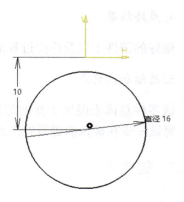

图 3.2.8　绘制 xy 面草图

4）运用凹槽 生成图 3.2.9 所示的实体。接着选择 zx 平面进入草图，绘制出相应位置的圆，如图 3.2.10 所示，退出草图界面，运用凹槽 生成图 3.2.11 所示的实体。

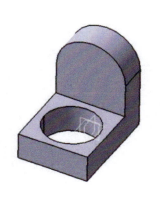

图 3.2.9　生成特征

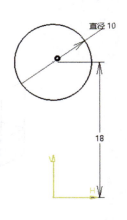

图 3.2.10　绘制 zx 面草图

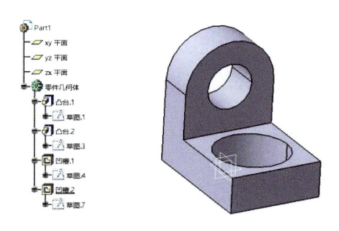

图 3.2.11 最终模型

4. 最终结果

做好的铸件 1 以及作图过程的结构树如图 3.2.11 所示。

5. 总结和注意点

该零件总体来说属于基础部件,并没有什么复杂的结构,就是要注意凸台和凹槽的方向,每做一步在确认前都需要先预览一下,看看是否存在错误。

3.2.2 铸件 2

1. 要求

根据图 3.2.12 给出的数据,合理运用零部件中的命令,画出零件。

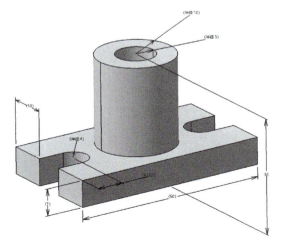

图 3.2.12 铸件 2 模型图

2. 建模思路

建模思路参考图 3.2.13。

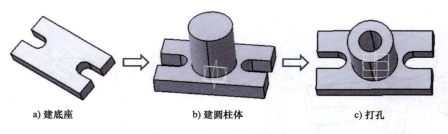

图 3.2.13　铸件 2 建模思路

3. 建模过程

1) 先创建一个 Part，如图 3.2.14 所示。选择 xy 面进入草图，根据绘制图 3.2.15 所示的草图，退出草图界面。

图 3.2.14　新建 Part

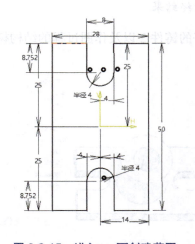

图 3.2.15　进入 xy 面创建草图

2) 运用凸台生成图 3.2.16 所示的实体。选择 xy 平面，进入草图页面，绘制出图 3.2.17 所示的草图，退出草图界面。

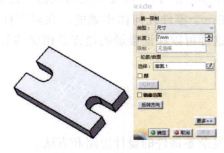

图 3.2.16　拉伸成实体

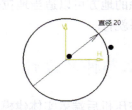

图 3.2.17　进入 xy 面创建草图

3）运用凸台 命令，生成图3.2.18所示的实体。选择xy面进入草图，绘制出图3.2.19所示的草图，退出草图界面。

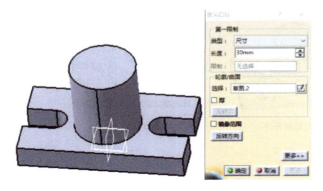

图3.2.18 生成特征

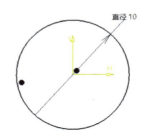

图3.2.19 进入xy面创建草图

4）运用凹槽 命令生成图3.2.20所示的实体。

4. 最终结果

做好的铸件2以及作图过程的结构树如图3.2.21所示。

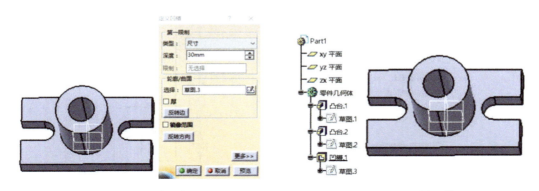

图3.2.20 生成特征 　　　　　图3.2.21 最终模型

5. 总结和注意点

该零件总体来说属于基础部件，并没有什么复杂的结构，需要注意的就是在绘制草图的过程中要考虑到之后操作的方便性。因为是在一个零件几何体中做的，在做圆柱体时，圆柱与底板接触的地方可以适当地拉伸多一点（这样可以保证接触的地方是相交的），只要不影响最终结果就行。

3.3　复杂零部件的设计

本节以某空压机后端盖实体建模为例来讲解复杂零部件的设计思路和方法。

1. 数据分析

此模型分为主体、孔和内部结构,以及精加工和后期修饰。

2. 建模思路

建立主体模型(Main_Body),然后打孔(Hole),再建立内部特征(Inner),最后修饰(Machining)。结构树如图 3.3.1 所示,最终模型如图 3.3.2 所示。

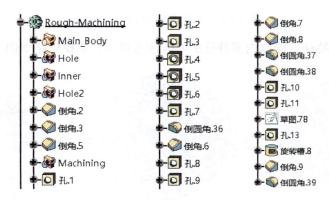

图 3.3.1　空压机后端盖建模结构树

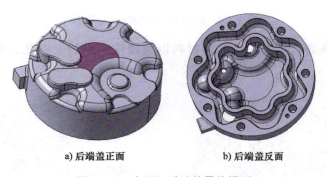

a) 后端盖正面　　　　　　b) 后端盖反面

图 3.3.2　空压机后端盖最终模型

1)主体的成形步骤如图 3.3.3 所示,主要是几个特征先后的添加修剪后经过倒圆修饰达到最终效果。

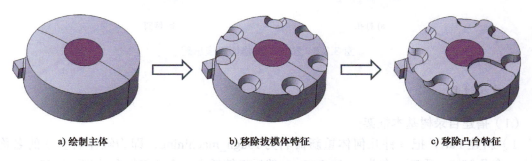

a) 绘制主体　　　　　b) 移除拔模体特征　　　　　c) 移除凸台特征

图 3.3.3　主体部分建模思路

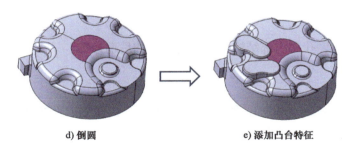

d) 倒圆　　　　　　　　　　　e) 添加凸台特征

图 3.3.3　主体部分建模思路（续）

2）打孔及内部特征。绘制内部特征的时候注意草图，建模思路如图 3.3.4 所示。

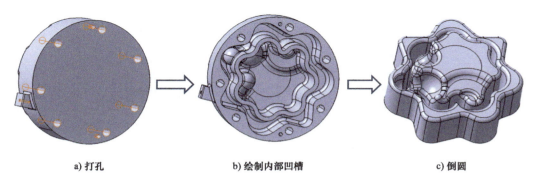

a) 打孔　　　　　　b) 绘制内部凹槽　　　　　c) 倒圆

图 3.3.4　打孔及内部特征建模思路

3）精加工及修饰。减去一些面的材料以及修饰剩余的一些孔、倒圆等，如图 3.3.5 所示。

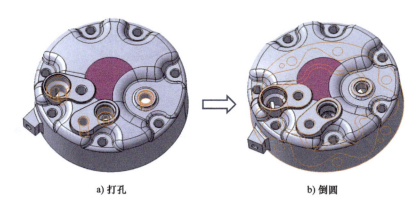

a) 打孔　　　　　　　　　　　b) 倒圆

图 3.3.5　精加工及修饰建模思路

3. 建模过程

（1）搭建目录树基本框架

1）新建 Part，把零件几何体重新命名为 rough_machining，即为缸体后盖总的名称；插入一个几何体，重新命名为 main_body；然后继续插入一个几何体和几何图形集。

2)定拔模方向。将几何图形集定义为当前工作对象,使用直线 ∕ 命令。在"直线类型"中选"点—方向",在"点"文本框中选原点,方向是 xy 平面。做出一条直线,即拔模方向(此线与 z 轴重合)。

(2)绘制主体

1)右键单击最后插入的几何体,定义其为工作对象。首先做一个旋转体。选择 yz 平面为草绘平面,绘制如图 3.3.6 所示草图,绘制好以后,退出,使用旋转体 命令以 z 轴为旋转中心,对其进行旋转定义,如图 3.3.7 所示。

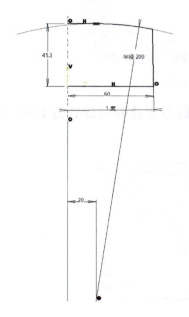 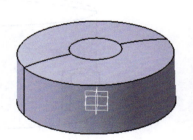

图 3.3.6　进入 yz 面建立草图　　　　　图 3.3.7　旋转生成特征

2)以 yz 为平面,绘制图 3.3.8 所示草图。绘制完毕,退出草绘环境。使用凸台 工具,拉伸长度 -62.5mm,拉伸出一个凸台如图 3.3.9 所示。

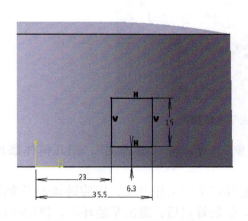 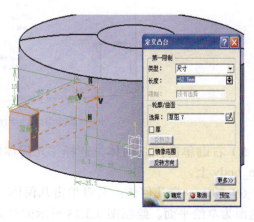

图 3.3.8　进入 yz 面建立草图　　　　　图 3.3.9　生成特征

3）使用拔模 命令，对凸台进行 3° 拔模。参数按图 3.3.10 所示进行设置。

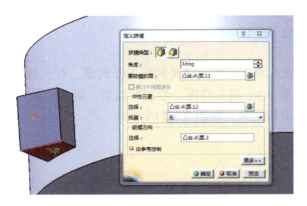

图 3.3.10　拔模设置对话框

4）使用 命令，对凸台倒圆，上、下边线圆角半径分别设置为 1mm、2mm，如图 3.3.11 和图 3.3.12 所示。

图 3.3.11　对凸台上边线倒圆

图 3.3.12　对凸台下边线倒圆

5）右键单击该几何体，选择"几何体对象"，再选择" 添加"，把几何体添加到 main_body 上。

6）插入一个几何体。右键单击几何体，把其定义为工作对象，以旋转体上平面图中粉色面为草绘平面。绘制图 3.3.13 所示的草图。绘制好以后，退出草绘环境，使用凸台 命令，对其进行凸台定义，拉伸长度为 -9mm，如图 3.3.14 所示。

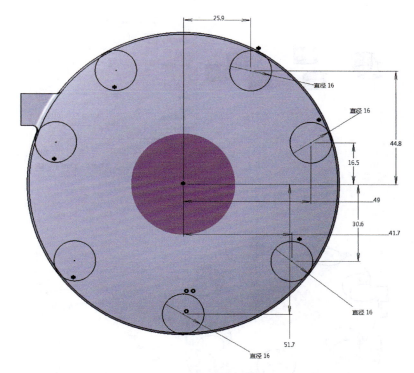

图 3.3.13 绘制草图

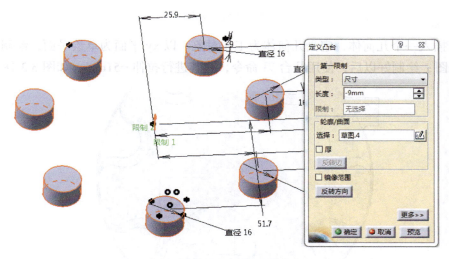

图 3.3.14 生成特征

7）使用拔模 命令，对上面所拉伸的凸台进行 -30° 拔模，如图 3.3.15 所示。中性面为图中圈中的底面的蓝色面。

8）右键单击几何体，选择"几何体对象"，选择" 移除"，把几何体从 main_body 里面移除掉。

9）使用倒圆 命令，开始对其进行倒圆定义，半径为 6.5mm，如图 3.3.16 所示。

图 3.3.15　对凸台进行拔模

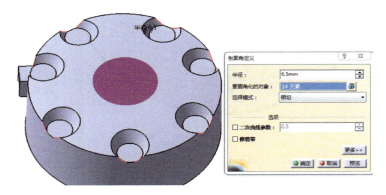

图 3.3.16　倒圆

10）插入一个几何体，定义几何体为工作对象。以 xy 平面为草绘平面，绘制图 3.3.17 所示的草图；绘制好以后，使用凸台 命令，对其进行拉伸 -51mm，如图 3.3.18 所示。

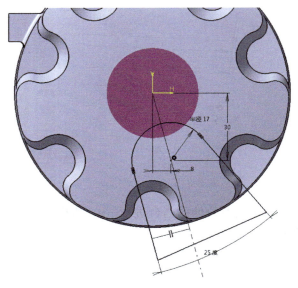

图 3.3.17　绘制草图

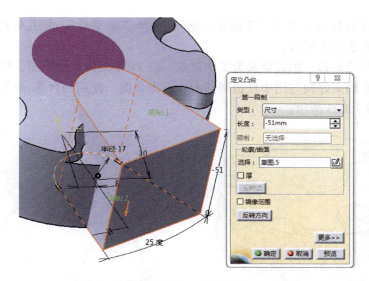

图 3.3.18 生成特征

11）以 yz 平面为草绘平面，绘制一条直线。草图如图 3.3.19 所示，绘制好以后，退出草绘环境。使用旋转槽 命令，对其进行旋转槽定义，生成特征如图 3.3.20 所示。

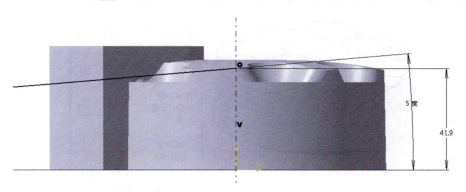

图 3.3.19 绘制草图

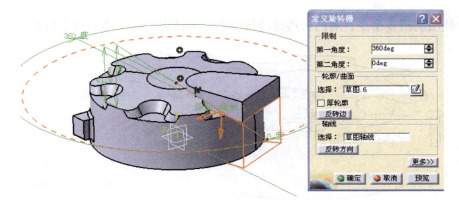

图 3.3.20 生成特征

12）右键单击几何体，选择"几何体对象"，选择" 移除"，把几何体从 main_body 里面移除掉，如图 3.3.21 所示。

13）插入一个几何体，把其定义为工作对象。以 xy 平面为草绘平面，绘制图 3.3.22 所示的草图，按关系约束好圆与图中红边圆同心，退出草图。使用凸台 命令，对其进行拉伸 41.9mm，如图 3.3.23 所示。

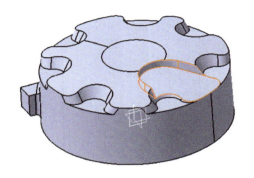

图 3.3.21 移除特征后模型图

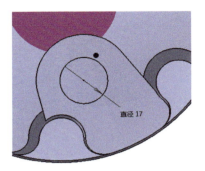

图 3.3.22 绘制草图

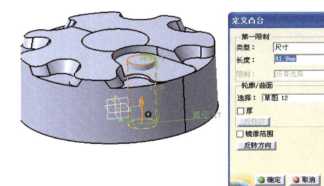

图 3.3.23 生成特征

14）使用倒圆 命令，对凸台边缘进行倒圆，半径为 1mm，如图 3.3.24 所示。

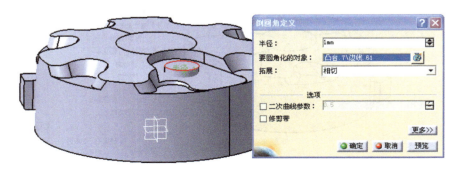

图 3.3.24 倒圆

15)右键单击几何体,选择"几何体对象",选择"添加",把几何体添加到 main_body 里面。

16)右键单击 main_body,定义为工作对象,使用倒圆命令对其进行倒圆定义。圆角半径分别为 10mm(注意选择要保留的边线)、3mm、6.5mm、2mm,如图 3.3.25 所示。

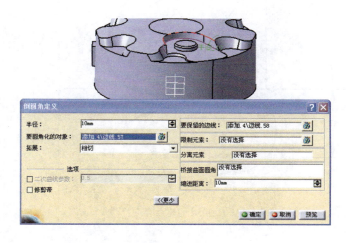

a)以半径10mm倒圆

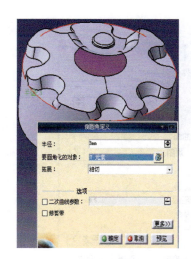

b)以半径3mm倒圆

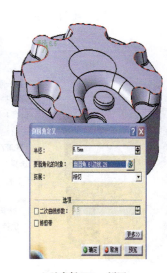

c)以半径6.5mm倒圆

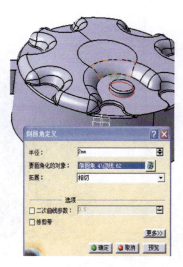

d)以半径2mm倒圆

图 3.3.25　倒圆

17)插入一个几何体,把几何体定义为工作对象,以 xy 平面为草绘平面,绘制如图 3.3.26 所示的草图;照下图参数绘制,绘制好后退出草绘环境,使用凸台命令对其进行拉伸 47.9mm,如图 3.3.27 所示。

CATIA 汽车结构设计教程

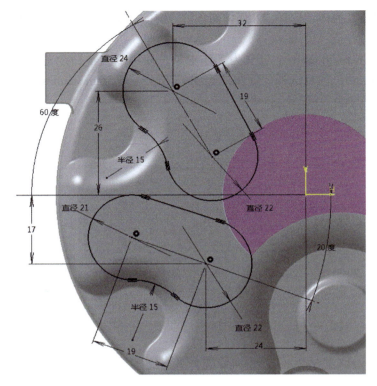

图 3.3.26 绘制草图

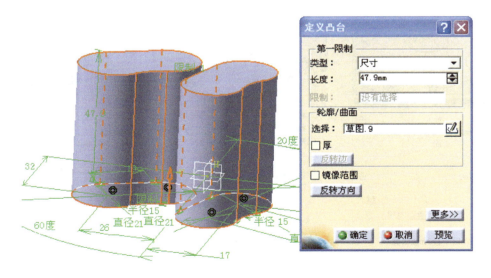

图 3.3.27 生成特征

18）使用倒圆 命令，对凸台进行倒圆，长度（C）为 1mm，如图 3.3.28 所示。

19）右键单击几何体，选择"几何体对象"，再选择" 添加"，把几何体添加到 main_body 里面。

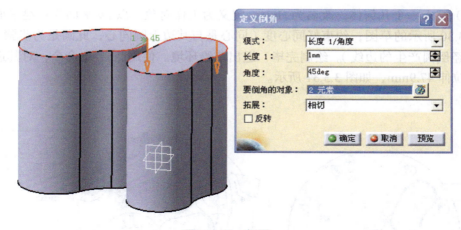

图 3.3.28 倒圆

20)右键单击 main_body,定义为工作对象,使用倒圆 命令,半径分别为 0.5mm、2mm、3mm、使用"main_body"进行倒圆定义,参数设置如图 3.3.29 所示。

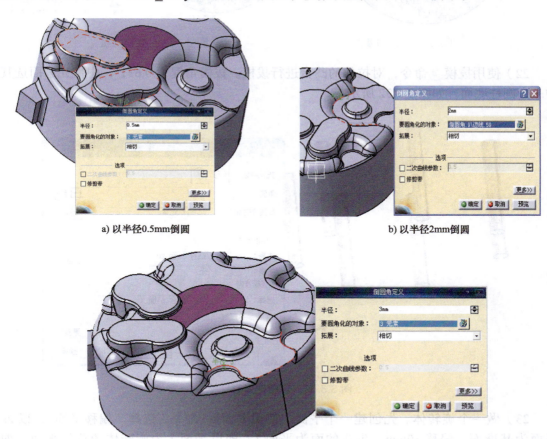

a) 以半径0.5mm倒圆

b) 以半径2mm倒圆

c) 以半径3mm倒圆

图 3.3.29 倒圆

21）插入一个几何体，改名为 Hole，定义为工作对象。以 xy 平面为草绘平面，绘制如图 3.3.30 所示的草图；约束好同心度（同心是与其边上圆同心，此圆是为步骤 6）所绘制的圆经倒圆产生的边线）。绘制完毕，退出草绘环境。使用凸台 命令，对其进行凸台定义，拉伸 47.9mm，如图 3.3.31 所示。

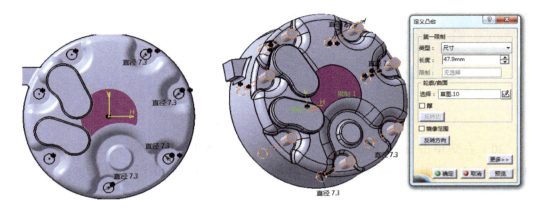

图 3.3.30　绘制草图　　　　　　　　图 3.3.31　生成特征

22）使用拔模 命令，对拉伸的凸台进行拔模。拔模角度为 0.631°，中性元素面选其中一个圆柱底面，如图 3.3.32 所示。

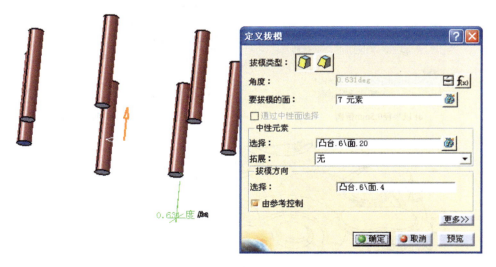

图 3.3.32　拔模定义对话框

23）做一个旋转体。先创建一个平面，使用平面 命令，选择"偏移平面"，以 zx 平面为基准面，偏移 30mm，生成的面为平面 1，即以平面 1 为旋转体的草绘平面，如图 3.3.33 所示；绘制图 3.3.34 所示的草图，要有轴线；退出，使用旋转体 命令，进行旋转定义。生成特征如图 3.3.35 所示。

第 3 章
零部件设计

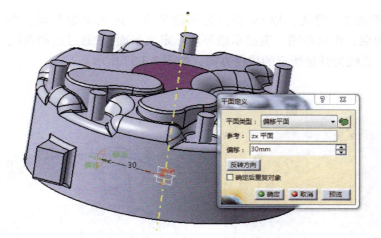

图 3.3.33　创建平面 1

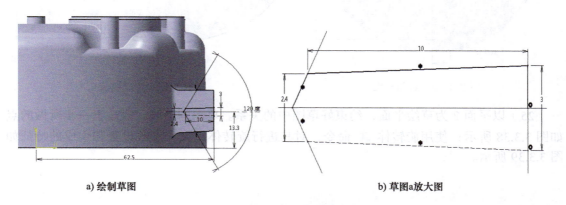

a) 绘制草图　　　　　　　　　　　　　　　b) 草图a放大图

图 3.3.34　绘制草图

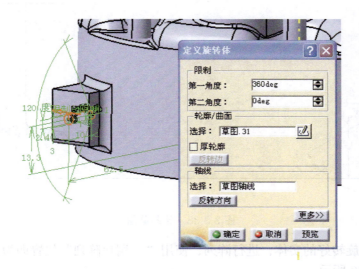

图 3.3.35　生成特征

035

24）定义平面2。首先，以xy平面为草绘平面，进入草绘环境。作出两个点，按图3.3.36所示约束，作出草图。退出草绘环境，定义平面，"通过点和直线"，通过的点即刚刚所做的点。直线为开始所定的拔模方向，如图3.3.37所示。

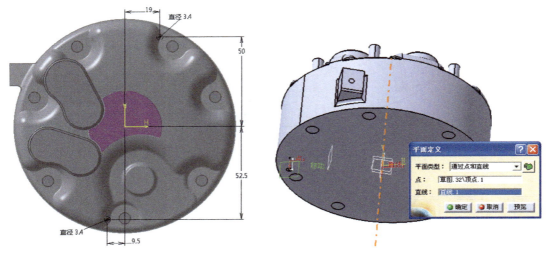

图3.3.36　绘制草图　　　　　　　　　图3.3.37　生成特征

25）以平面2为草绘平面，约束好草图中的关系。草图的轴线，通过上一步所做的点如图3.3.38所示；使用旋转体 命令，对其进行旋转体定义，参数设置和生成的特征如图3.3.39所示。

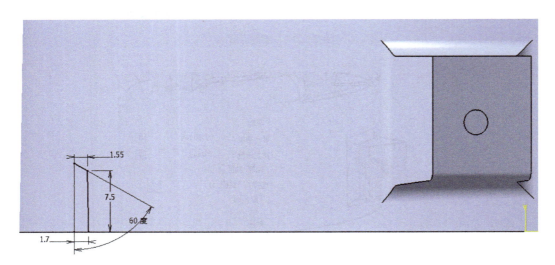

图3.3.38　绘制草图

26）对刚刚旋转好的实体，进行阵列，使用"用户阵列"位置即为上步操作的点的位置，如图3.3.40所示。

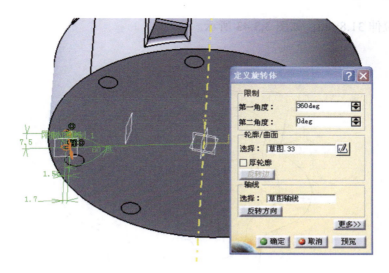

图 3.3.39　生成特征

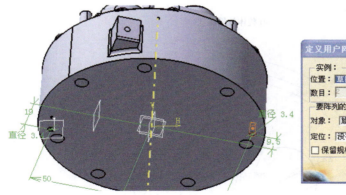

图 3.3.40　阵列特征

27）右键单击几何体 Hole，选择"几何体对象"，选择"移除"，把几何体从 main_body 里移除掉，如图 3.3.41 所示。

28）再次插入一个几何体，右键单击选择"属性"，重新命名为 inner。右键单击 inner，把 inner 定义为工作对象，以 xy 平面为草绘平面，绘制出图 3.3.42 的草图，此草图的轮廓是外圈的黑色轮廓和中间的黑色轮廓。

中间的轮廓由最里面的虚线轮廓偏移 4mm 得到的，偏移后为了减少他们之间的关联选择了隔离，偏移的黄色线变为了白色线，最里面的轮廓改成虚线。

退出草绘环境，使用凸台命令，对其进行

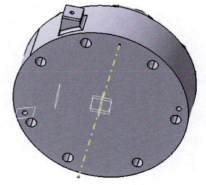

图 3.3.41　移除后模型图

凸台定义，拉伸 31.8mm，如图 3.3.43 所示。

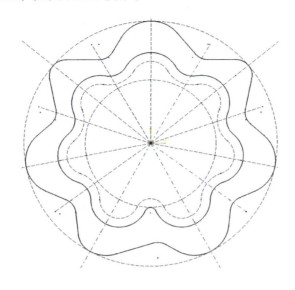

a) 整体效果图

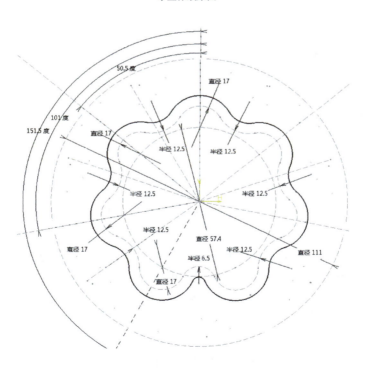

b) 中间轮廓效果图

图 3.3.42　绘制草图

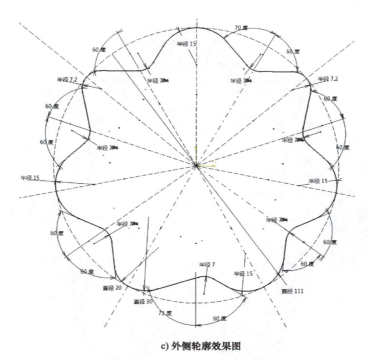

c）外侧轮廓效果图

图 3.3.42　绘制草图（续）

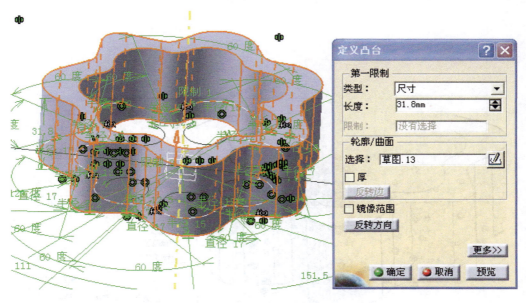

图 3.3.43　生成特征

29）再次以 xy 平面为草绘平面，作出图 3.3.44 所示的草图，此草图由上步约束好的虚线内轮廓投影而来。绘制完毕，退出草图环境。使用凸台 命令，对其进行凸台定义，拉伸 50mm，如图 3.3.45 所示。

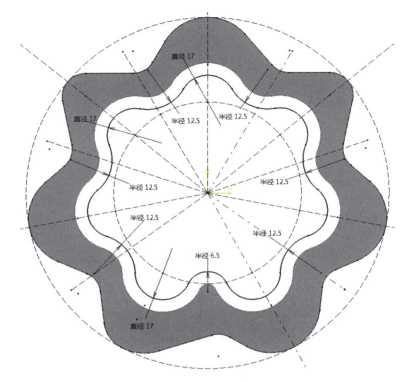

图 3.3.44 绘制草图

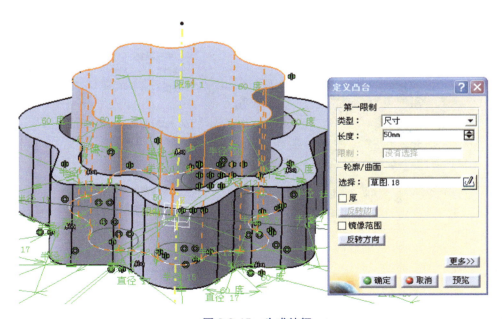

图 3.3.45 生成特征

30）做旋转槽，以 yz 平面为草绘平面。作出图 3.3.46 所示的草图；绘制好以后，退出草绘环境；使用旋转槽 命令，对其进行旋转槽定义，如图 3.3.47 所示。

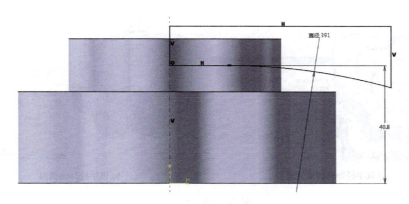

图 3.3.46　绘制草图

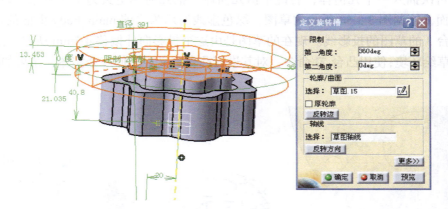

图 3.3.47　生成特征

31）使用拔模命令，对已拉伸好的凸台进行拔模定义。图 3.3.48 中的棕色面即需要进行拔模的面，中性元素选择凸台底面。

图 3.3.48　拔模定义对话框

32）开始对凸台进行倒圆定义，使用倒圆命令。圆角半径均为 3mm，设置如图 3.3.49 所示。

a)以半径3mm倒圆设置　　　　　　　　b)以半径3mm倒圆

图 3.3.49　倒圆

33)再次插入一个几何体,右键单击几何体,把几何体定义为工作对象,以 xy 平面为草绘平面,绘制图 3.3.50 所示的草图,绿色虚线所示为之前 main_body 里面的移除 2 操作中,凸台 3 的草图的投影线。现在的草图是由这个投影向外偏移 4.5mm 所得;绘制好以后,退出草绘环境;使用凸台 命令,对其进行凸台定义,拉伸一个实体,结果如图 3.3.51 所示。

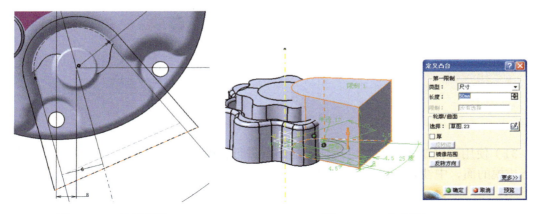

图 3.3.50　绘制草图　　　　　　　　图 3.3.51　生成特征

34)以 yz 为草绘平面,绘制图 3.3.52 所示的草图,草图为一条直线;绘制好以后,退出草绘环境。使用旋转槽 命令,进行旋转槽定义得到图 3.3.53 所示的结果。

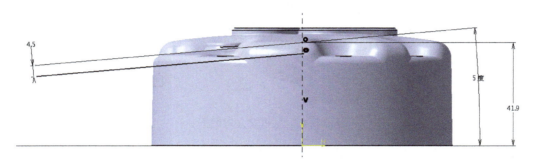

图 3.3.52　绘制草图

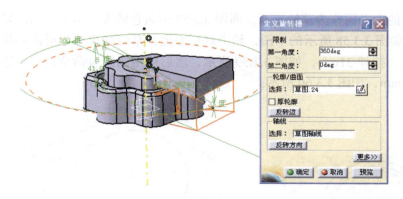

图 3.3.53 生成特征

35）右击几何体，选择"几何体对象"，选择"添加"，把几何体从 Inner 里移除掉。再对其进行倒圆定义，参数设置如下，如图 3.3.54 和图 3.3.55 所示。

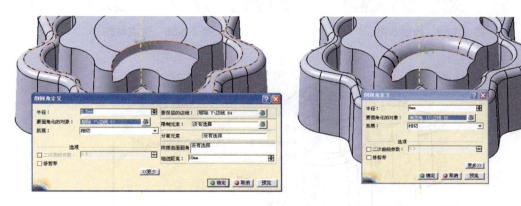

图 3.3.54 倒圆定义　　　　　　　　图 3.3.55 倒圆定义

36）以 xy 平面为草绘平面进入草绘环境，画出图 3.3.56 所示的草图。约束好同心度，绘制结束以后，退出草绘环境。使用凹槽命令，对其进行凹槽定义，第一限制 31.8mm，第二限制 −50mm，结果如图 3.3.57 所示。

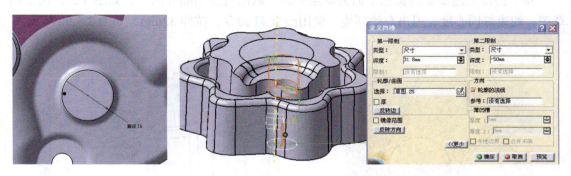

图 3.3.56 绘制草图　　　　　　　　图 3.3.57 生成特征

37）再次插入一个几何体，将其重新命名为几何体 13，定义几何体 13 为工作对象。以凸台5的上平面作为草绘平面，即图3.3.57中黄色的面。进入草绘环境后，画直径27mm的圆，如图3.3.58所示的草图，约束好同心度，草绘结束后，退出草绘环境，对其进行凸台定义，拉伸31mm，如图3.3.59所示，然后使用倒圆 命令，对下边缘倒圆，圆角半径为13.5mm，如图3.3.60所示。

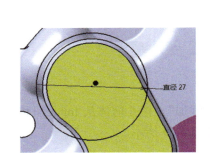

图3.3.58　绘制草图

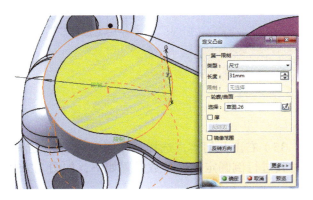

图3.3.59　生成特征

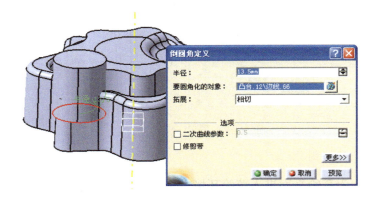

图3.3.60　定义倒圆

38）仍以上述步骤的黄色平面为草绘平面，画出直径16mm的圆，如图3.3.61所示的草图，约束好同心度，退出草绘环境。使用凸台 命令，拉伸32mm，如图3.3.62所示。

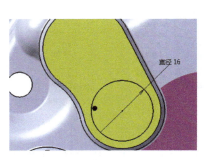

图3.3.61　绘制草图

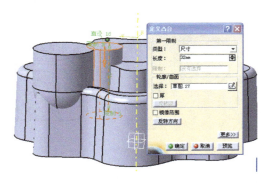

图3.3.62　生成特征

39）对拉伸的实体使用倒圆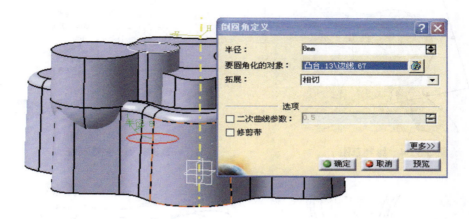命令，圆角半径分别为 8mm、5mm，按照图 3.3.63 所示的参数进行倒圆定义。

a) 以半径8mm倒圆

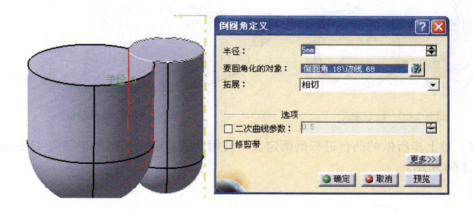

b) 以半径5mm倒圆

图 3.3.63　定义倒圆

40）仍然以黄色面作为草绘平面，画出图 3.3.64 所示的草图，注意圆约束同心度。使用凹槽命令，对其进行凹槽定义。此命令只是为了把多余的实体减去，主要关注圆的位置，对于轮廓的要求至少能够切掉圆外的实体，因此外形只需封闭即可。因为黄色的实体是做减材料用的，减去内部实体的材料而不减去外部实体的材料，所以绘制了此凹槽。深度 32mm，如图 3.3.65 所示。

41）再插入一个几何体，命名为几何体 14，定义几何体 14 为工作对象。以上面所述的黄色面为草绘平面，画出图 3.3.66 所示草图中的圆，直径为 23mm，约束好同心度。绘制完毕，退出草绘环境。使用凸台命令，对其进行凸台定义，拉伸 24.5mm，如图 3.3.67 所示。

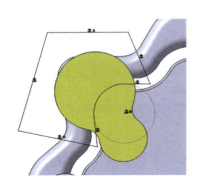

图 3.3.64　绘制草图

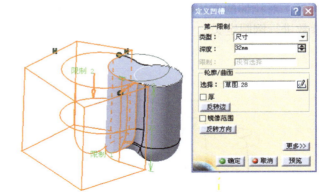

图 3.3.65　生成特征

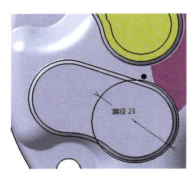

图 3.3.66　绘制草图

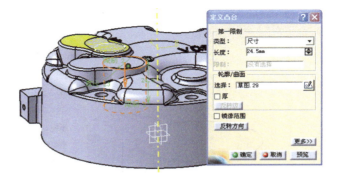

图 3.3.67　生成特征

42）对上步所做的凸台进行倒圆定义。使用倒圆 ◎ 命令，圆角半径为 11.5mm，参数如图 3.3.68 所示。

图 3.3.68　倒圆

43）仍以黄色的面作为草绘平面，绘制图 3.3.69 所示的草图，直径为 16mm，与橙色的圆约束好同心度；绘制好以后，退出草图；使用凸台 ⊿ 命令，对其进行凸台定义，拉伸 32mm，参数设置如图 3.3.70 所示。

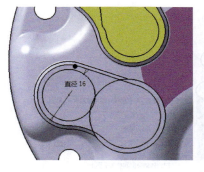
图 3.3.69　绘制草图

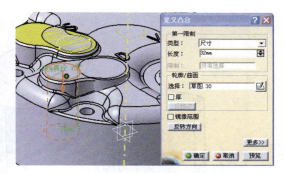
图 3.3.70　生成特征

44）对上步所拉伸的凸台进行倒圆定义。使用倒圆 命令，圆角半径分别为 8mm、5mm，参数如图 3.3.71 和图 3.3.72 所示。

图 3.3.71　以半径 8mm 倒圆

图 3.3.72　以半径 5mm 倒圆

45）右击几何体 14，选择"几何体 14 对象"，选择" 添加"，把几何体 14 添加到几何体 13 上。

46）再次插入一个几何体，定义几何体为工作对象。首先做一个平面 3，使用平面 命令。参数如图 3.3.73 所示，直线 3 是连接橙色面上两个圆的圆心所得。通过平面 3，可以得到平面 4。

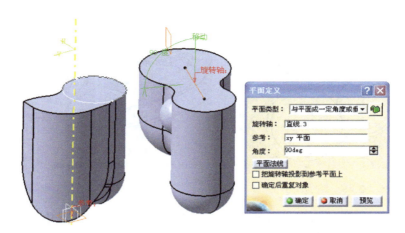

图 3.3.73　定义平面

47）做平面 4。首先通过平面定义中的"偏移平面"，以平面 3 为参考，偏移 4.3mm，如图 3.3.74 所示。把平面 4 作为草绘平面，进入草绘环境，画出图 3.3.75 所示的草图，按图 3.3.75 中所示参数设置。绘制好以后，退出草绘环境。对其进行旋转体定义，如图 3.3.76 所示。

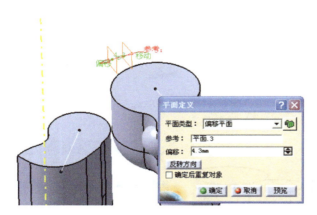

图 3.3.74　定义平面

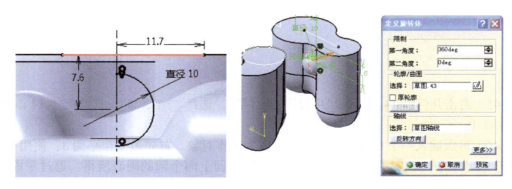

图 3.3.75　绘制草图　　　　　　图 3.3.76　生成特征

48）定义平面 5，使用平面 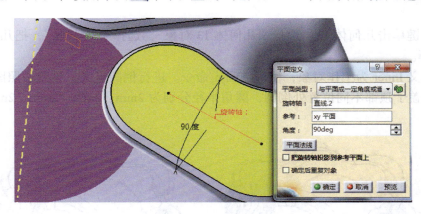 命令。直线 2 是图 3.3.77 中两个圆的圆心连线。

图 3.3.77　定义平面

49）以平面 5 作为参考，定义平面 6。通过"偏移平面"命令偏移 5.4mm，如图 3.3.78 所示。然后把平面 6 作为草绘平面，绘制图 3.3.79 所示的草图，参数按图 3.3.78 所示设置。绘制好以后，退出草绘环境。使用旋转体 命令，进行旋转体定义，如图 3.3.80 所示。

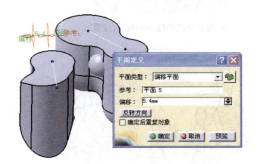

图 3.3.78　定义平面

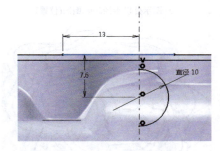

图 3.3.79　绘制草图

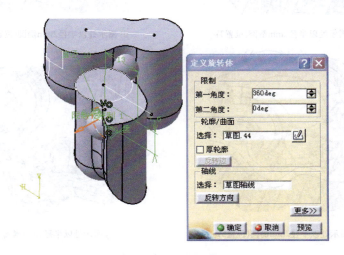

图 3.3.80　生成特征

50）右键单击几何体，选择"几何体对象"，选择" 添加"，把几何体添加到几何体 13 上。

51）右键单击几何体 13，选择"几何体 13 对象"，选择" 移除"，把几何体 13 从 Inner 移除掉。

52）定义 Inner 为工作对象，使用倒圆 命令。进行倒圆定义，参数按照图 3.3.81 所示设置，在盖子顶部不同位置处倒圆，圆角半径分别为 2mm、2mm、2mm、2mm、2mm、1mm。

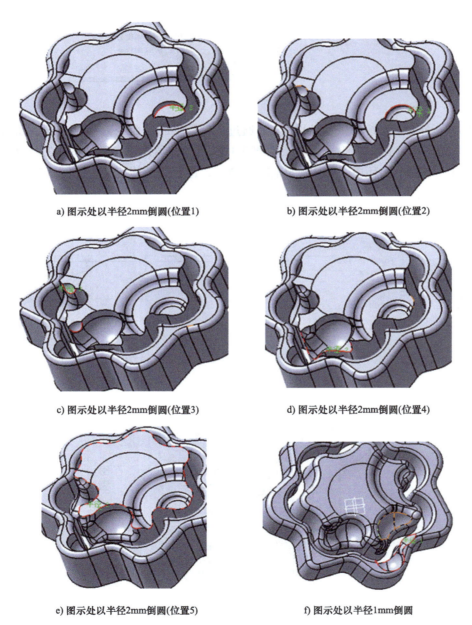

a）图示处以半径2mm倒圆(位置1)　　　b）图示处以半径2mm倒圆(位置2)

c）图示处以半径2mm倒圆(位置3)　　　d）图示处以半径2mm倒圆(位置4)

e）图示处以半径2mm倒圆(位置5)　　　f）图示处以半径1mm倒圆

图 3.3.81　倒圆

53）定义平面 7，使用平面命令。如图 3.3.82 所示，"通过点和直线"。点 9 是图中橙色圆的圆心。直线 1 是拔摸线（第一步所绘制的拔摸方向的那一根直线只是为了确定拔摸方向）。

图 3.3.82　定义平面

54）以平面 7 为草绘平面，绘制图 3.3.83 所示的草图。绘制完毕，退出草绘环境。使用旋转槽命令进行旋转槽定义，第一角度 135°，第二角度 17°，如图 3.3.84 所示。

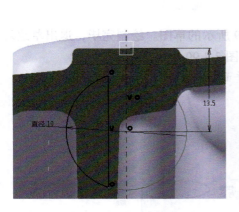

图 3.3.83　绘制草图

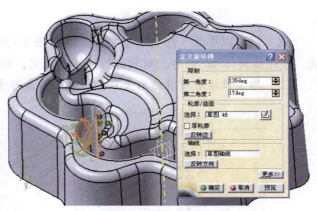

图 3.3.84　生成特征

55）使用倒圆命令定义倒圆，圆角半径为 1mm，如图 3.3.85 所示。

56）把 Inner 移除到 main_body 里面，如图 3.3.86 所示。

57）插入一个几何体，定义几何体为工作对象，以平面 5 作为草绘平面，绘制图 3.3.87 所示的草图，参数按图 3.3.87 所示设置。绘制好以后，退出草绘环境。使用旋转体命令，对其进行旋转体定义，其结果如图 3.3.88 所示。

注：为了让读者看清约束关系，图 3.3.87 未与平面 5 垂直。

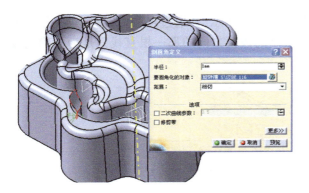

图 3.3.85 倒圆

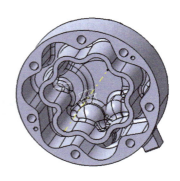

图 3.3.86 移除后的模型

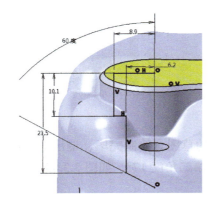

图 3.3.87 绘制草图

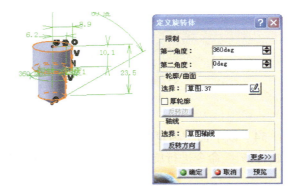

图 3.3.88 生成特征

58）仍然以平面 5 作为草绘平面，绘制图 3.3.89 所示的草图。绘制完毕，退出草绘环境。使用旋转体 命令，对其进行旋转体定义，如图 3.3.90 所示。

注：为了让读者看清约束关系，图 3.3.89 未与平面 5 垂直。

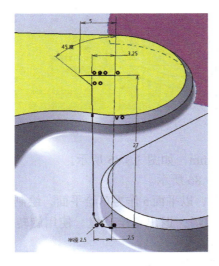

图 3.3.89 绘制草图

图 3.3.90 生成特征

59）以平面 3 作为草绘平面，绘制图 3.3.91 所示的草图。绘制完毕退出草绘环境。使用旋转体 命令，对其进行旋转体定义，如图 3.3.92 所示。

注：为了让读者看清约束关系，图 3.3.91 未与平面 3 垂直。

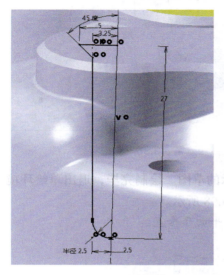

图 3.3.91　绘制草图　　　　　　　　图 3.3.92　生成特征

60）仍以平面 3 作为草绘平面，绘制如下图 3.3.93 所示的草图。绘制完毕退出草绘环境。使用旋转体 命令，对其进行旋转体定义，如图 3.3.94 所示。

注：为了让读者看清约束关系，图 3.3.93 未与平面 3 垂直。

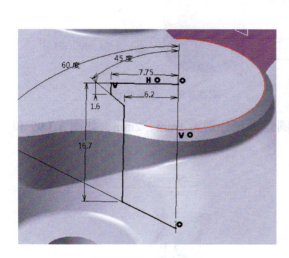

图 3.3.93　绘制草图　　　　　　　　图 3.3.94　生成特征

61）以上一个旋转体的上平面作为草绘平面，绘制图 3.3.95 所示的草图（水平与竖起方向距离为圆心到出模线的距离）。绘制完毕，退出草绘环境。使用凸台 命令，对其进行凸台定义，拉伸 39.5mm，如图 3.3.96 所示。

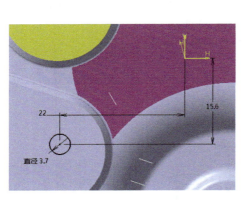

图 3.3.95 绘制草图

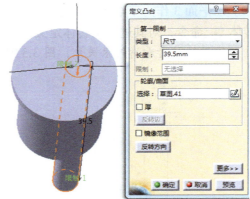

图 3.3.96 生成特征

62）以平面 7 为草绘平面，绘制图 3.3.97 所示的草图。绘制完毕，退出草绘环境。使用旋转体 命令，对其进行旋转体定义，如图 3.3.98 所示。

注：为了让读者看清约束关系，图 3.3.97 未与平面 7 垂直。

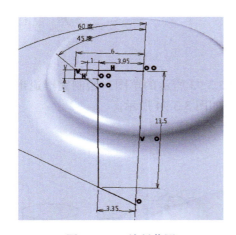

图 3.3.97 绘制草图

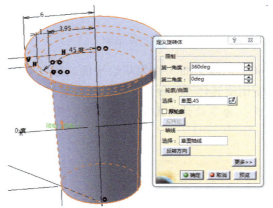

图 3.3.98 生成特征

63）使用倒圆 命令，开始倒圆定义，圆角半径分别为 1mm、2mm，如图 3.3.99 和图 3.3.100 所示。

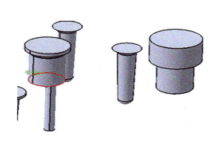

图 3.3.99 图示处以半径 1mm 倒圆

图 3.3.100 图示处以半径 2mm 倒圆

64）把该几何体从 rough_mainining 里面移除掉。

65）定义 rough_machining 为工作对象，使用倒圆 命令，对其进行倒圆定义，图 3.3.101a~图 3.3.101d 倒圆长度为 0.8mm，图 3.3.101e 倒圆长度为 1mm。

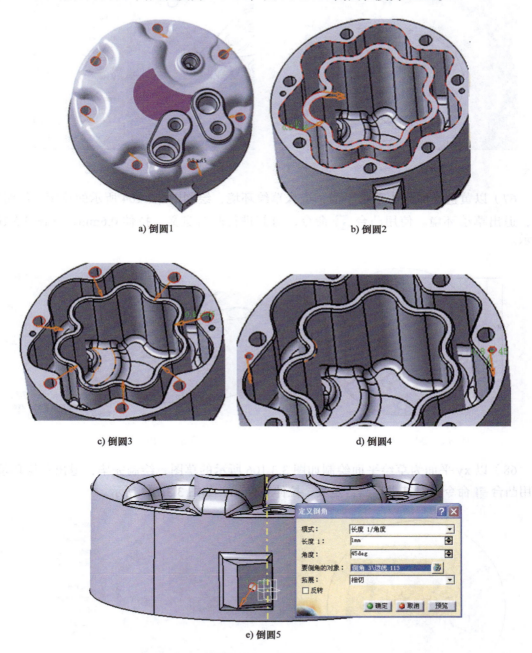

图 3.3.101　定义倒圆

66）插入一个几何体，命名 machining，再插入一个几何体，命名为几何体 20，定义几何体 20 为工作对象。以紫色平面作为草绘平面，进入草绘环境，绘制图 3.3.102 所示的草图。绘制完毕，退出草绘环境。使用凸台 命令，进行凸台定义，拉伸 0.5mm，如图 3.3.103 所示。

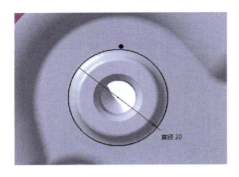

图 3.3.102　绘制草图

图 3.3.103　生成特征

67）以黄色平面作为草绘平面，进入草绘环境，绘制图 3.3.104 所示的草图。绘制完毕，退出草绘环境。使用凸台 命令，对其进行凸台定义，拉伸 0.6mm，如图 3.3.105 所示。

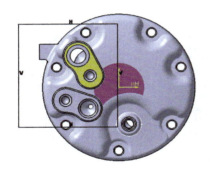

图 3.3.104　绘制草图

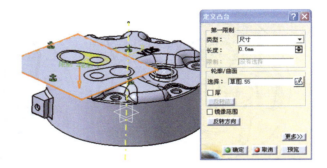

图 3.3.105　生成特征

68）以 xy 平面为草绘平面绘制如图 3.3.106 所示的草图，绘制完毕，退出草绘环境。使用凸台 命令，对其进行凸台定义，拉伸 0.5mm，如图 3.3.107 所示。

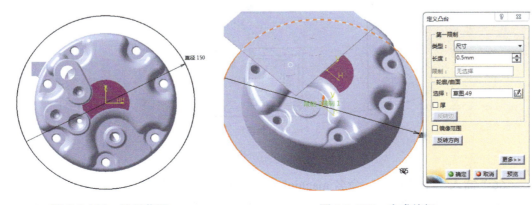

图 3.3.106　绘制草图　　　　　　　　图 3.3.107　生成特征

69）把几何体 20 添加到 machining 上，再把 machining 从 rough_machining 里移除到掉。

70）下面对其进行打孔定义。使用孔 命令，参数按图 3.3.108 设置。在类型里设置的是埋头孔，深度是 0.3mm，角度是 90°；在延伸中直径设置 4mm，深度 6.8mm；单击"定位草图"，进入草绘环境，做点，按图 3.3.109 约束。

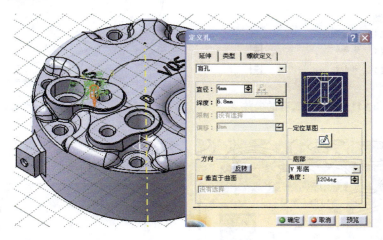

图 3.3.108　定义孔

71）和步骤 70）相同，进行孔定义。按照图 3.3.110 进行延伸设置。孔径 4mm，深度 6.8mm；在类型选择埋头深度 0.3mm，角度 90°，如图 3.3.111 所示；然后单击定位草图，孔位置如图 3.3.112 所示。

72）与步骤 70）相同，在类型里设置埋头孔，深度是 1mm，角度是 90°，进行延伸设置。直径 3.6mm，深度 8.8mm，如图 3.3.113 所示，然后单击定位草图，孔位置如图 3.3.114 所示。

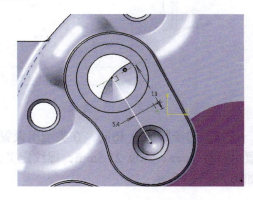

图 3.3.109　绘制草图

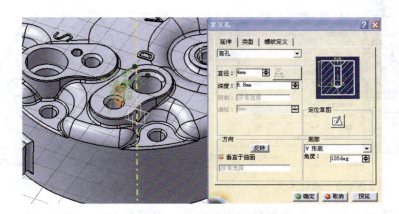

图 3.3.110　定义孔的参数

图 3.3.111　定义埋头孔的参数

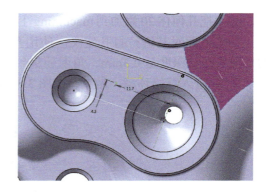

图 3.3.112　定义孔

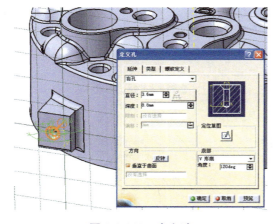

图 3.3.113　定义孔

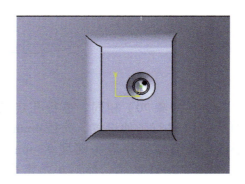

图 3.3.114　打孔位置图

73）与步骤 70）相同，在类型里设置埋头孔，深度是 1mm，角度是 90°；进行延伸设置。直径 7mm，深度 23.5mm，螺纹定义。如图 3.3.115 所示，然后单击定位草图，孔位置如图 3.3.116 所示。

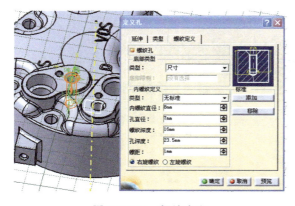

图 3.3.115　螺纹定义

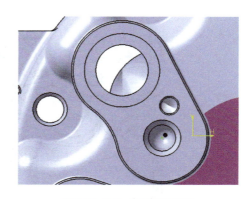

图 3.3.116　打孔位置图

74）与步骤 70）相同，在类型里设置埋头孔，深度是 1mm，角度是 90°，进行延伸设置。直径 7mm，深度 23.5mm，螺纹定义，如图 3.3.117 所示。然后单击定位草图，孔位置如图 3.3.118 所示。

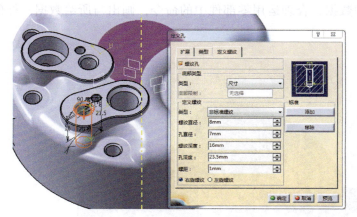

图 3.3.117　定义孔

图 3.3.118　打孔位置图

75）与步骤 70）相同，在类型里设置埋头孔，深度是 1mm，角度是 90°，进行延伸设置。直径 9mm，深度 15.5mm，螺纹定义，如图 3.3.119 所示。然后单击定位草图，孔位置如图 3.3.120 所示。

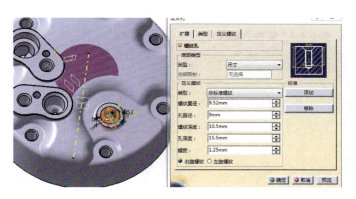

图 3.3.119　定义孔

图 3.3.120　打孔位置图

76）到此，后盖模型已经完成，如图 3.3.121 所示。

图 3.3.121　后盖模型完成图

3.4 练习

要求：根据图 3.4.1 给出的数据，合理运用零部件中的命令，画出与所给数据一样的结构部件。

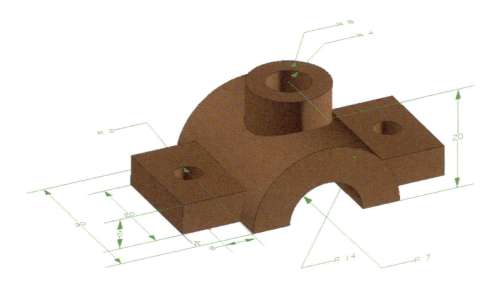

图 3.4.1 铸件三维尺寸

第4章 布尔操作

4.1 布尔操作及常用的命令

通俗地说，布尔操作就是将一个实体添加到另一个实体上的操作。常用的布尔操作命令如下：

1) 添加命令。将子几何体添加到母几何体上。
2) 移除命令。将子几何体从母几何体上移除。
3) 联合修剪命令。将子几何体添加到母几何体上，同时修剪去多余的部分。

4.2 案例

4.2.1 支架布尔案例

1. 要求

根据图 4.2.1 绘制支架模型。

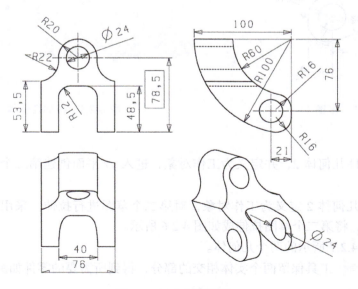

图 4.2.1 支架模型图

2. 建模思路

建模思路为建几何体1—建几何体2—布尔相交—最终模型,参考图4.2.2。

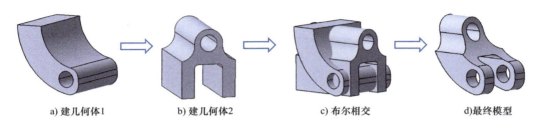

图 4.2.2 建模思路图

3. 建模过程

1)进入零件设计模块,在零件几何体下,创建第一个草图,采用 工具,进入 zx 平面绘制草图,创建完的草图如图 4.2.3 所示。

2)采用凸台 工具,选中"镜像范围"(相当于左右拉伸同样距离),将第一个草图拉伸成如图 4.2.4 所示。

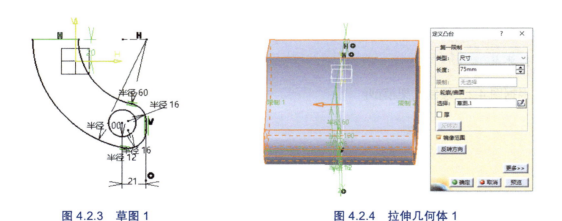

图 4.2.3 草图 1　　　　　　　　　图 4.2.4 拉伸几何体 1

3)插入零件几何体 2,并定义为工作对象,进入 yz 平面创建第二个草图,如图 4.2.5 所示。

4)将零件几何体 2 定义为工作对象,对第二个草图进行拉伸。采用凸台 工具,选中"镜像范围",将第二个草图拉伸成如图 4.2.6 所示。

5)得到图 4.2.7 所示的两个几何体。

6)采用 相交 工具保留两个实体相交的部分,得到所需要的零件如图 4.2.8 所示。

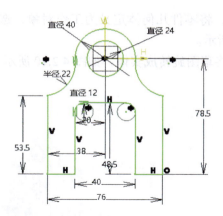

图 4.2.5　草图 2

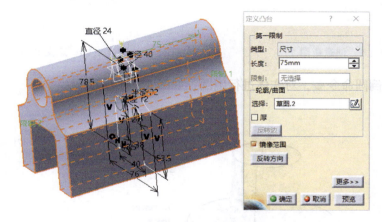

图 4.2.6　拉伸几何体 2

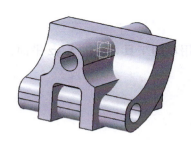

图 4.2.7　两个几何体

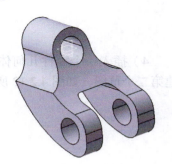

图 4.2.8　零件最终模型

4.2.2　叶轮的布尔案例

按照以下步骤完成叶轮的建模。

1)打开零件设计模块,将零件几何体定义为工作对象,选择 yz 平面,点击草图工具,进入草图,如图 4.2.9 所示。

2)采用旋转命令,将草图旋转成实体,如图 4.2.10 所示。

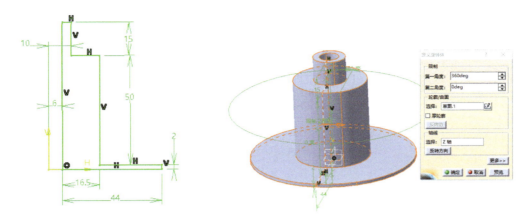

图 4.2.9　创建草图 1　　　　　　图 4.2.10　定义旋转

3)采用倒圆命令,对实体进行倒圆,如图 4.2.11 所示。

图 4.2.11　定义倒圆

4)插入一个零件几何体 2,并定义为工作对象。采用草图工具,进入 yz 平面,创建第二个草图,如图 4.2.12 所示。

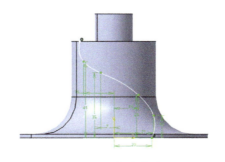

图 4.2.12　创建草图 2

5)采用拉伸命令 ,生成叶片,如图 4.2.13 所示。

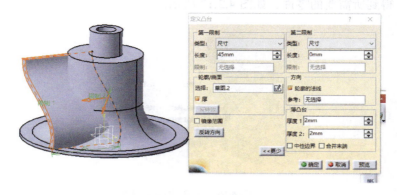

图 4.2.13 定义拉伸

6)采用草图工具 ,进入 yz 平面,创建第三个草图,如图 4.2.14 所示。

7)采用凹槽工具 ,对上一步创建的草图进行凹槽操作,去掉叶扇上多余的部分,如图 4.2.15 所示。

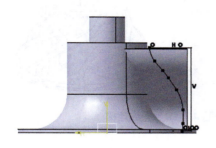

图 4.2.14 创建草图 3

图 4.2.15 定义凹槽

8)采用圆形阵列命令 ,将叶扇进行阵列,如图 4.2.16 所示。

图 4.2.16 定义阵列

9)采用联合修剪命令 联合修剪..., 对几何体 1 和几何体 2 进行修剪, 保留两个实体相交的部分, 得到所需要的零件, 如图 4.2.17 所示。

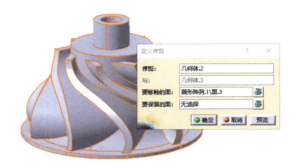

图 4.2.17　定义联合修剪

10)采用倒圆命令, 对实体进行倒圆, 如图 4.2.18 所示。
11)完成建模, 如图 4.2.19 所示。

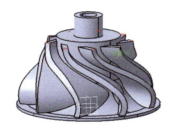  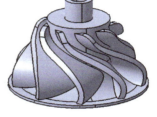

图 4.2.18　定义倒圆　　　　　　　　　　　图 4.2.19　完成建模

4.2.3　后视镜支架结构更改案例

1. 要求

根据参考文件图 4.2.20a 做出结构 4.2.20b, 结构全部用布尔操作处理。该实体上的结构尺寸和位置没有硬性要求, 大致与参考文件相似即可。

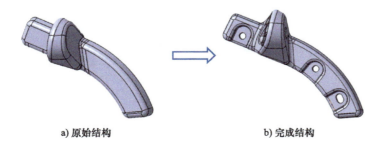

a) 原始结构　　　　　　　　　　　b) 完成结构

图 4.2.20　参考文件图

2. 建模思路

建模思路参考图4.2.21。

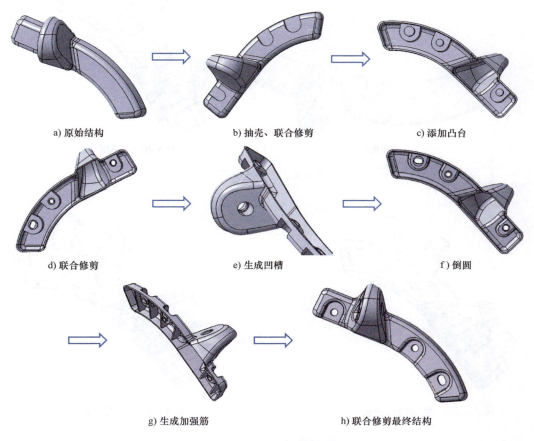

图 4.2.21 建模思路参考

3. 建模过程

（1）联合修剪

1）进入零件设计模块，插入几何体，如图4.2.22所示，点击平面1进行草图绘制，然后将插入的几何体定义为工作对象（鼠标右键操作），草图生成凸台，如图4.2.23所示。

2）对凸台进行抽壳处理，如图4.2.24所示。

3）用联合修剪命令将壳体修剪到实体上，如图4.2.25所示。这里有两种操作：第一种是先将本体定义为工作对象，然后单击"联合修剪"命令，再选择已创建的抽壳几何体，选择要保留或移除的面，然后确定；第二种是先将本体定义为工作对象，在左边的目录树中找到创建的抽壳几何体，然后右键单击，选择"联合修剪"，选择要保留或移除的面。一般选用第二种操作方法。

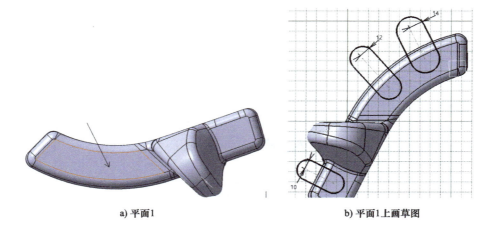

a) 平面1　　　　　　　　　　　　　b) 平面1上画草图

图 4.2.22　绘制草图

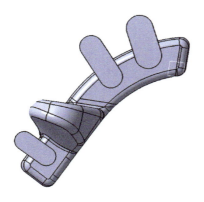

图 4.2.23　生成凸台特征

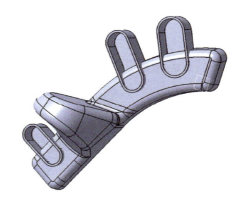

图 4.2.24　对凸台进行抽壳

a) 定义修剪

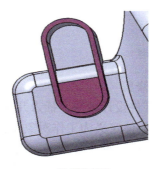

b) 预览结果

图 4.2.25　联合修剪

下面先来演示一下用"要移除面"进行的联合修剪。要做这个 U 形凹槽，就要将上面的面移除。在图 4.2.25a 所示的"联合修剪"命令框中会两个选项，一个是要移除面，另一个是要保留的面。选择要移除的面，然后选择图 4.2.25b 中的两张面。

这里一定要注意本体工作对象的定义，不能弄错。这个几何体是自己创建的，不必与图示相同，以下操作都要注意添加顺序。

先预览做出的形状，再单击"确定"键，就会形成图 4.2.26 所示的凹槽。

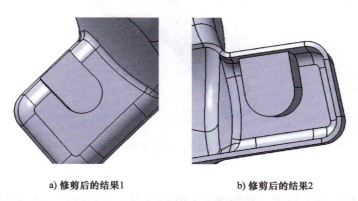

a) 修剪后的结果1　　　　　　b) 修剪后的结果2

图 4.2.26　修剪后的结果

4）接下来演示"保留面添加"的联合修剪，同样的界面，如图 4.2.27a 所示；选择要保留的面，要做出 U 形凹槽，要保留的面可以选下面的面，如图 4.2.27b 所示。

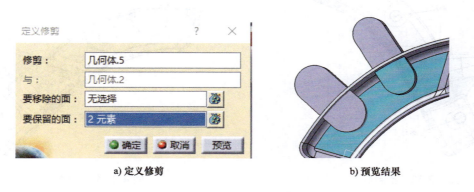

a) 定义修剪　　　　　　　　　b) 预览结果

图 4.2.27　联合修剪

单击"预览"键，然后再确定，同样也会出现这样的 U 形凹槽，如图 4.2.28 所示。

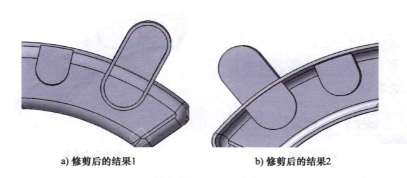

a) 修剪后的结果1　　　　　　b) 修剪后的结果2

图 4.2.28　修剪后的结果

5)用同样的方法做出其他凹槽,最终效果如图 4.2.29 所示。

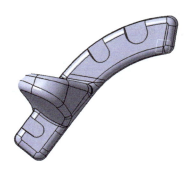

图 4.2.29　最终结果

(2)添加

1)插入几何体,进入草图,绘制图 4.2.30 的草图;创建凸台,如图 4.2.31 所示。

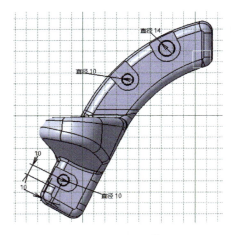

图 4.2.30　绘制草图

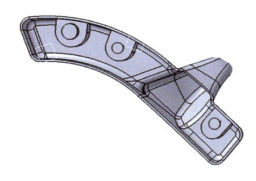

图 4.2.31　创建凸台

2)这里同样可以采用之前的两种方法:一是在工具栏中操作;二是在目录树中操作。确定好对象之后预览确定,最终效果如图 4.2.32 所示。

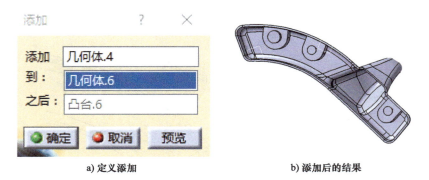

a)定义添加　　　　　　　　　　　b)添加后的结果

图 4.2.32　添加几何体

可以在目录树中看到子几何体已添加到母几何体上，同时在实体上也可以看到，如图 4.2.33 所示；没有添加的凸台可以将其单独隐藏，如图 4.2.34 所示；若已经添加的凸台隐藏，母体便会一起隐藏，因为它们已经连为一体。

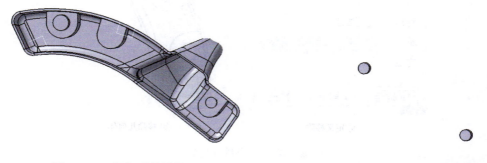

图 4.2.33　添加后的结果　　　　　　　　　　图 4.2.34　隐藏示意图

3）同理将其余凸台添加到母体上，最终效果如图 4.2.35 所示。

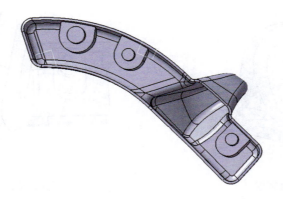

图 4.2.35　添加几何体

（3）移除

1）先插入几何体，进入草图绘制图 4.2.36 的草图，然后创建凸台，如图 4.2.37 所示。

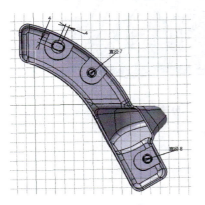　　　　　　　　　　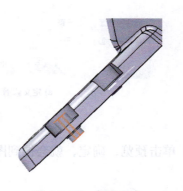

图 4.2.36　绘制草图　　　　　　　　　　图 4.2.37　创建凸台

2)按照之前添加的步骤操作,将凸台从实体上移除,如图4.2.38所示。

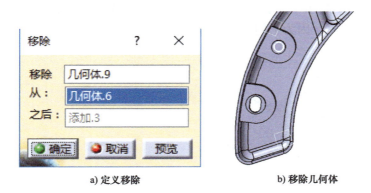

a) 定义移除　　　　　　　　　　b) 移除几何体

图 4.2.38　移除几何体

3)插入几何体,进入草图绘制图4.2.39的草图,然后创建凸台,如图4.2.40所示。

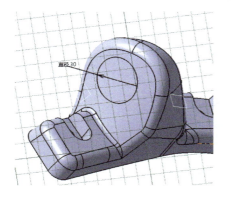 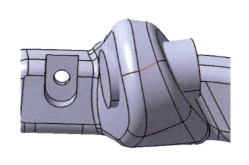

图 4.2.39　绘制草图　　　　　　　　　　图 4.2.40　创建凸台

4)用联合修剪命令,选择图4.2.41所示的面分别移除和保留。另一侧也一样。

a) 定义修剪　　　　　　　　　　b) 移除面与保留面

图 4.2.41　联合修剪

5)单击预览,确定,就会得到图4.2.42的结果。

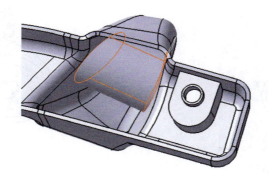

图 4.2.42　修剪结果

6）在创建好的平面 2 上，绘出图 4.2.43 的草图。创建凸台，用移除命令做出凹槽，如图 4.2.44 所示。

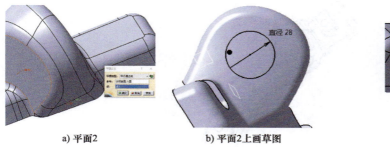

a) 平面2　　　　　　　　b) 平面2上画草图

图 4.2.43　绘制草图　　　　　　　　图 4.2.44　生成凹槽

7）在创建好的平面 3 上，绘出图 4.2.45 的草图。创建凸台，用移除命令做出凹槽，如图 4.2.46 所示。

a) 平面3　　　　　　　　b) 平面3上画草图

图 4.2.45　平面 3 与草图　　　　　　　图 4.2.46　生成凹槽

8）在创建好的平面 2 上，绘出图 4.2.47 的草图。创建凸台，用"凹槽"命令做出凹槽，如图 4.2.48 所示。

图 4.2.47　绘制草图

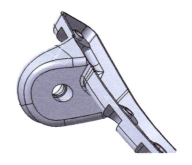

图 4.2.48　生成凹槽

（4）倒圆

倒圆的原则是保证等壁厚，案例中，大的倒圆半径为 3mm，小的倒圆半径为 0.5mm。最终结果如图 4.2.49 所示。

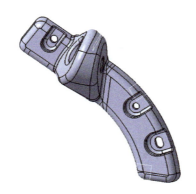

图 4.2.49　倒圆

（5）做加强筋

1）绘制图 4.2.50 的草图，生成实体。这里要用到凸台中的厚度选项，这是做加强筋常用的命令，比较方便。选择厚度选项就可以直接用线做出凸台，如图 4.2.51 所示。

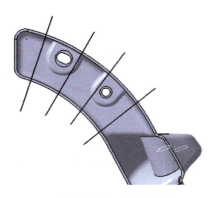

图 4.2.50　绘制草图

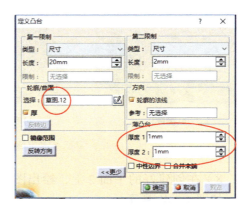

图 4.2.51　定义凸台

2）做出凸台后用联合修剪命令将其添加到实体上，便可生成加强筋，如此所有结构便都添加到实体之上。联合修剪过程数据和结果数据如图 4.2.52 所示。

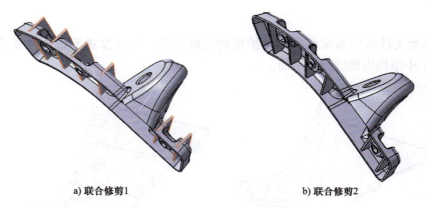

a）联合修剪1　　　　　　　　　b）联合修剪2

图 4.2.52　联合修剪

4. 结果数据

最终结果数据如图 4.2.53 所示。

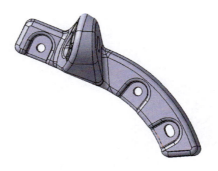

图 4.2.53　最终结果

5. 总结

1）布尔操作是设计过程中十分常用的命令，添加结构和修改结构的情况基本都会用到。

2）在使用布尔操作时，要注意添加顺序和添加对象；所有结构一定要添加在同一个母几何体上，切不可在添加过程中选择母几何体下的子几何体作为添加对象；最好在目录树中单击母几何体，而不要在窗口中单击母体模型。

3）布尔操作的好处在于，虽然添加时有些麻烦，但在后期更改数据时却十分方便，只需要找到对应的子几何体进行更改即可，哪怕删除都不会影响到整体结构。

4.3 练习

要求

对照参考文件运用布尔操作做出护板的完成结构,尺寸位置不做硬性要求,大致即可,图 4.3.1 中结构出模线均已给出。

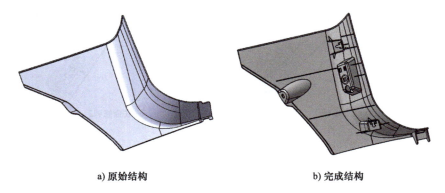

a) 原始结构　　　　　　　　b) 完成结构

图 4.3.1　练习图

第 5 章 创成式外形设计

5.1 创成式外形设计简介

创成式外形设计模块是线框和曲面造型功能的组合,可创建用于复杂外形设计所需的各种曲面,是一种基于特征的设计方法。曲面线框特征的基本作用是,通过建立一系列的面特征,将设计分解为基本性的形体。通过线框子集创建曲面的方法具有可以创建任何形状曲面的优点,同时它还可以创建零部件设计完成不了的一些复杂形体。

5.2 创成设计案例

5.2.1 旋钮建模案例

1. 要求

根据图 5.2.1 给出的数据,合理运用零部件中的命令,进行旋钮建模。

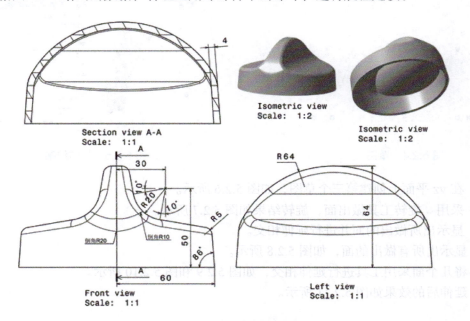

图 5.2.1 旋钮数据图

2. 建模过程

1）下拉菜单选择：开始—形状—创成式外形设计。在下拉菜单中找到 插入，点开后找到 几何图形集，插入一个几何图形集。

2）在 yz 平面上创建图 5.2.2 所示的草图。

3）采用拉伸工具，将草图一拉伸出面，如图 5.2.3 所示。

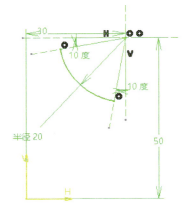

图 5.2.2　草图一

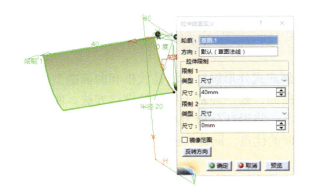

图 5.2.3　拉伸结果

4）在 zx 面上创建立第二个草图，如图 5.2.4 所示。

5）采用拉伸工具将草图二拉伸出面，如图 5.2.5 所示。

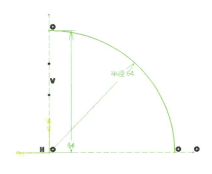

图 5.2.4　草图二

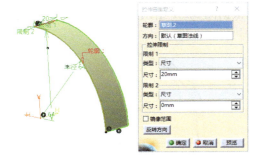

图 5.2.5　拉伸结果

6）在 yz 平面上创建第三个草图，如图 5.2.6 所示。

7）采用旋转工具做出面，旋转结果如图 5.2.7 所示。

8）显示出所做出的面并进行延伸相交。

① 显示出所有做出的面，如图 5.2.8 所示。

② 将几个面采用工具进行延伸相交，如图 5.2.9 和图 5.2.10 所示。

③ 延伸后的效果如图 5.2.11 所示。

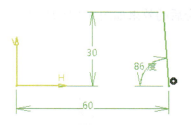

图 5.2.6　草图三

图 5.2.7　旋转结果

图 5.2.8　显示所有面

图 5.2.9　进行延伸相交 1

图 5.2.10　进行延伸相交 2

图 5.2.11　延伸后的效果

9）定义修剪如图 5.2.12 所示。修剪后的效果如图 5.2.13 所示。

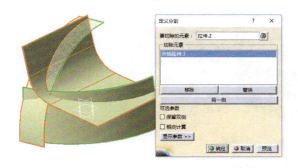

图 5.2.12　定义修剪

图 5.2.13　修剪后的效果

10）将所有的面接合在一起，如图 5.2.14 所示，接合后的效果如图 5.2.15 所示。

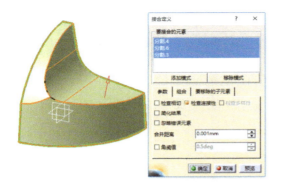

图 5.2.14　定义接合

图 5.2.15　接合后的效果

11）将接合好的整体对称并接合为一个整体。

① 将图 5.2.15 关于 zx 平面对称，得到图 5.2.16 所示的模型。

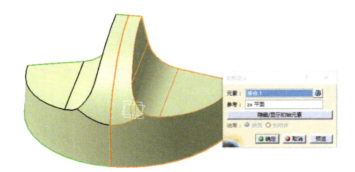

图 5.2.16　对称后的效果

② 将图 5.2.15 的模型进行接合。接合后的效果如图 5.2.17 所示。

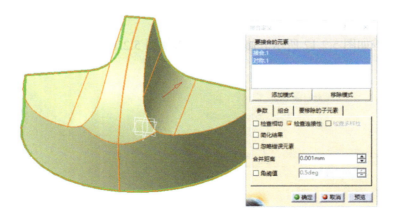

图 5.2.17　接合后的效果

③ 将图 5.2.17 关于 yz 平面对称，得到如图 5.2.18 的模型。

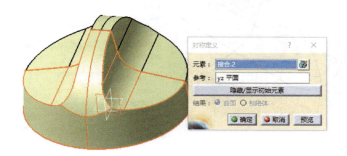

图 5.2.18　关于 yz 平面对称图

④ 将图 5.2.17 的模型进行接合。接合后的效果如图 5.2.19 所示。

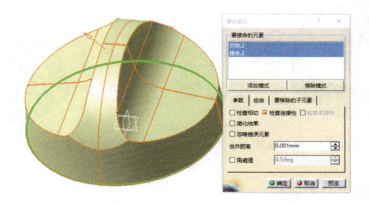

图 5.2.19　接合后的效果

12）对接合后的曲面进行倒圆，如图 5.2.20 和图 5.2.21 所示。

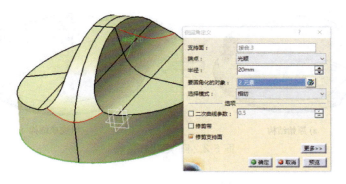

图 5.2.20　定义倒圆

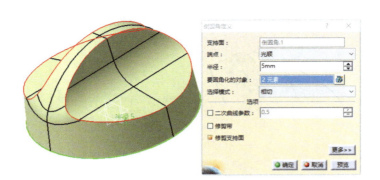

图 5.2.21　定义倒圆

13）利用加厚命令对曲面进行加厚，如图 5.2.22 所示。加厚后的效果如图 5.2.23 所示。

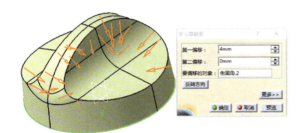 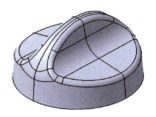

图 5.2.22　定义加厚　　　　　　　　　　图 5.2.23　加厚后的效果

5.2.2　中控烟灰缸缸盖修模

1. 要求

将缸盖上表面原始结构图 5.2.24a 凸起部分修平，完成结构，如图 5.2.24b 所示。

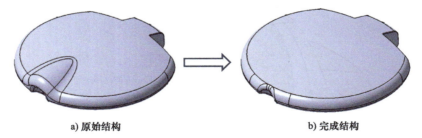

a) 原始结构　　　　　　　　　　　　b) 完成结构

图 5.2.24　烟灰缸缸盖

2. 建模过程

（1）去掉缸盖上端凸台

1）在创成模块，插入一个几何图形集并定义为工作对象。

2）用提取命令 提取缸盖上表面，如图 5.2.25 所示。

3）用取消修剪命令 ，将上一步提取的面还原，如图 5.2.26 所示。

注：这一步操作完成后，记得将第 1）步提取的面隐藏。

图 5.2.25　提取缸盖上表面

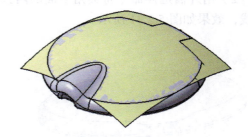

图 5.2.26　将上一步提取的面还原

4）用外插延伸命令 将还原后的面延长 10mm，连续选择曲率，拓展类型选点连续，具体参数如图 5.2.27 所示。

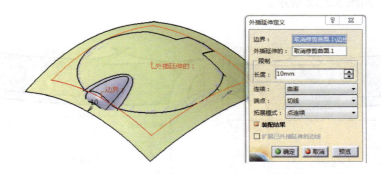

图 5.2.27　将还原后的面延长 10mm

5）切换到零部件模块，将零件几何体定义为工作对象。

6）选择分割命令 ，用延长的面将缸盖上部凸起的部分割掉，注意箭头的方向，参数如图 5.2.28 所示；分割完成后，将延长的面隐藏，如图 5.2.29 所示。

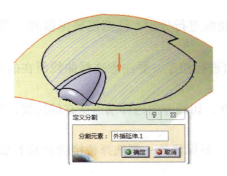

图 5.2.28　定义分割

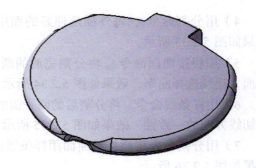

图 5.2.29　隐藏延长的面

（2）数据优化

1）切换到创成模块，用提取命令将凸台周边的面提取出来（共 7 张面），如图 5.2.30 所示。

2）用外插延伸命令将圆角下面的两张立面延长 4mm，延长的边线选择与圆角相接的边线，效果如图 5.2.31 所示。

图 5.2.30　提取凸台周边的面（一）

图 5.2.31　提取凸台周边的面（二）

3）用等参数曲线命令，在延长的面上做出两条曲线。等参数曲线的点选择对应的圆角上的端点，如图 5.2.32 所示。

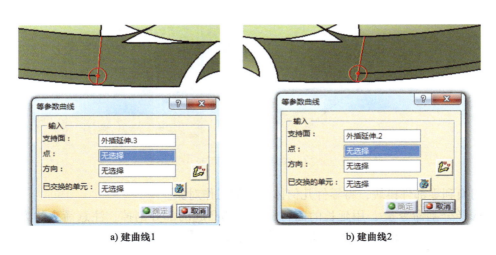

a）建曲线1　　　　　　　　　　　　b）建曲线2

图 5.2.32　用等参数曲线建曲线

4）用分割命令将外插延伸好的面用等参数曲线进行分割，注意需要保留的一侧，效果如图 5.2.33 所示。

5）用桥接曲面命令将分割完成的两张面用面进行相连，要注意选择曲线所在的支持面，连续选择曲率，效果如图 5.2.34 所示。

6）用样条线命令将分割后的两张面的下端相连，切线方向选择端点所在的边线，注意切线方向的一致性，效果如图 5.2.35 所示。

7）用分割命令将桥接的曲面用样条线进行分割，要保留的一侧选择桥接曲面的下端，效果如图 5.2.36 所示。

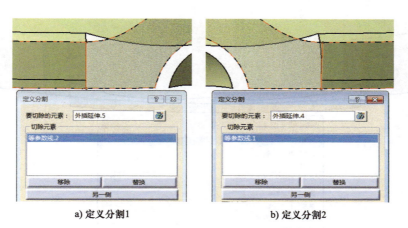

a) 定义分割1　　　　　　　　b) 定义分割2

图 5.2.33　分割曲面

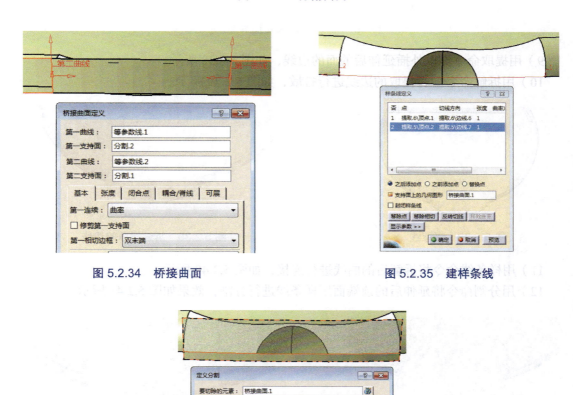

图 5.2.34　桥接曲面　　　　　　　　图 5.2.35　建样条线

图 5.2.36　分割桥接曲面

8）用外插延伸命令将缸盖的顶端面进行延伸。边界选择豁口的边线，连续性选择曲率连续，拓展模式选择相切连续，效果如图 5.2.37 所示。

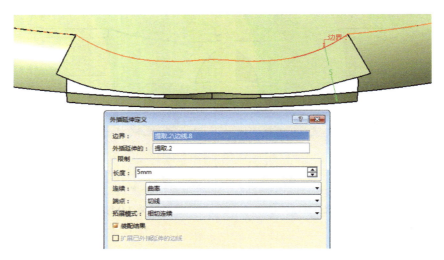

图 5.2.37 定义外插延伸

9）用提取命令提取外插延伸后的面的边线，如图 5.2.38 所示。

10）用拆解命令 ▓ 将提取的边线进行打散，如图 5.2.39 所示。

图 5.2.38 提取线

图 5.2.39 拆解提取的边线

11）用样条线命令将拆解后的曲线进行连接，如图 5.2.40 所示。

12）用分割命令将延伸后的顶端面用样条线进行分割，效果如图 5.2.41 所示。

图 5.2.40 连接曲线

图 5.2.41 分割曲面

13）用接合命令 ▓ 将端盖左侧的两条边线进行接合，效果如图 5.2.42 所示。

14）用分割命令将左侧圆角下面分割完成的立面再次进行分割，如图 5.2.43 所示。

图 5.2.42　接合边线　　　　　　　　　图 5.2.43　分割曲面

15）根据步骤 13）和 14），同理可得右侧的立面，效果如图 5.2.44 所示。

16）用接合命令将图 5.2.45 中显示的所有曲面进行接合。

图 5.2.44　分割后效果图　　　　　　　　图 5.2.45　接合曲面

17）用边界命令 提取出图 5.2.46 中的中间豁口的一周边线。

18）用填充命令 ，曲线选择提取的边界，支持面选择边界所在的曲面，效果如图 5.2.47 所示。

图 5.2.46　提取边线　　　　　　　　　图 5.2.47　填充曲面

19）用接合命令将填充的曲面与周围的面进行接合，如图 5.2.48 所示。

图 5.2.48　接合曲面

20）用外插延伸命令，将提取的开口处的两张圆弧面进行延伸，效果如图 5.2.49 所示。

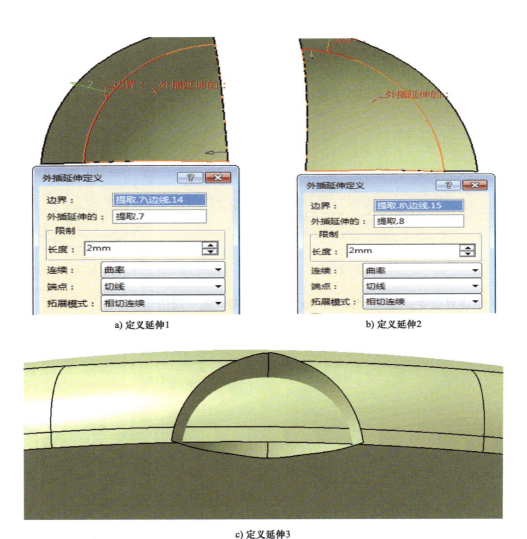

a) 定义延伸1　　　　　　　　　b) 定义延伸2

c) 定义延伸3

图 5.2.49　延伸曲面

21）使用分割命令将延伸后的面进行分割，如图 5.2.50 所示。
22）用接合命令将分割完成的两张圆弧面进行接合，如图 5.2.51 所示。
23）用修剪命令将接合后的圆弧面与周围的大面进行修剪，效果如图 5.2.52 所示。
24）用倒圆命令将修剪后的边线进行倒圆，数值输入 1.788mm，效果如图 5.2.53 所示。

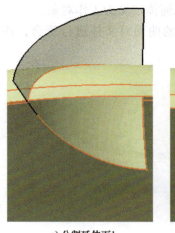 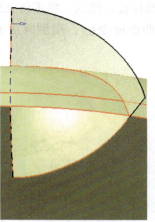

a) 分割延伸面1　　　　　　b) 分割延伸面2

图 5.2.50　分割曲面

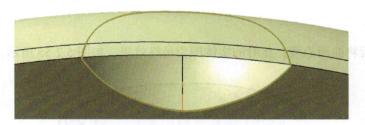

图 5.2.51　接合曲面

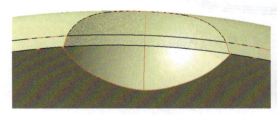 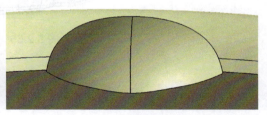

a) 修剪曲面1　　　　　　b) 修剪曲面2

图 5.2.52　修剪曲面

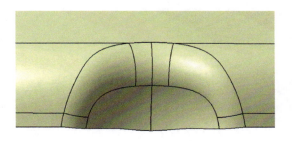

图 5.2.53　倒圆

25）切换到零部件设计模块，将零件几何体定义为工作对象。

26）使用缝合曲面命令，用倒圆后的曲面对实体进行缝合，注意箭头的方向，如图 5.2.54 所示。

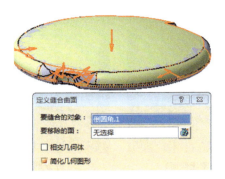

图 5.2.54　缝合曲面

3. 最终效果

缝合完成后将曲面隐藏，此时的实体即为最终效果，如图 5.2.55 所示。

图 5.2.55　缝合的效果

第 6 章 装配设计

6.1 装配设计简介

装配设计是将各个零部件组合总装在一起,判定各个零部件的设计能否满足总装的配合要求(间隙要求、是否有干涉),例如一辆自行车的各个零件已完成建模但并不一定能够满足装配要求。这就需要在装配模块中先进行模拟装配,找出装配出现问题的地方进行修改,以达到装配要求。只有满足了 3D 数据的装配要求,才可能进行实体的装配。因此装配模块在 CATIA 中是一个较为重要的模块。

6.2 DMU 设计简介

DMU 机构运动分析是专门做 DMU 装配运动仿真的模块。针对大型产品如整车、飞机、轮船等的机构运动状态进行评价。通过计算机对装配的产品进行运动仿真,进而评估产品的设计可行性。

6.3 装配设计命令详解

1)产品结构工具,如图 6.3.1 所示。

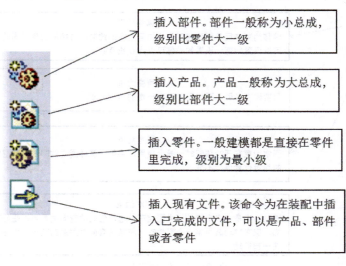

图 6.3.1 产品结构工具

2）产品结构之间的关系，如图 6.3.2 所示。

装配 ⟹ 产品 ⟹ 部件 ⟹ 零件

图 6.3.2　产品结构之间的关系

3）移动工具，如图 6.3.3 所示。

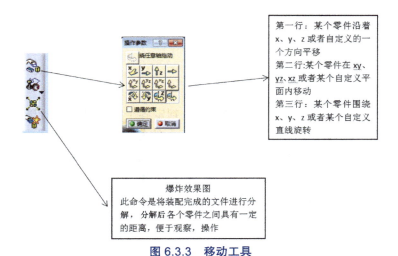

图 6.3.3　移动工具

4）约束工具，如图 6.3.4 所示。

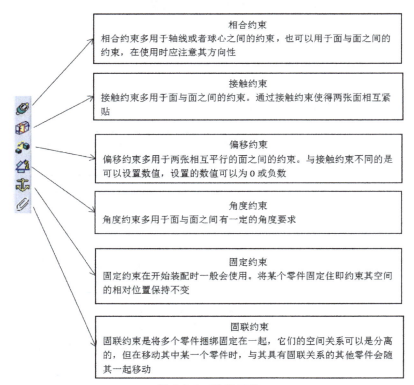

图 6.3.4　约束工具

5）场景，如图 6.3.5 所示。

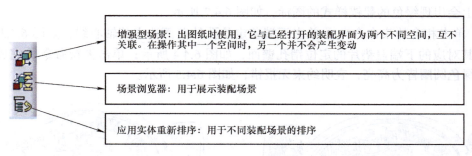

图 6.3.5　场景

6.4　装配设计案例

本节以某空压机的装配为例来讲解装配设计的流程和思路。

1. 要求

空压机的各个零件满足装配关系，无干涉，并且能够进行 DMU 运动模拟仿真（在源文件打开资源包 6.2.1 文件夹中的 Productl）。

2. 建模思路

先将空压机的下端盖固定住，随后将其他各个零部件与已固定的下端盖进行约束，最后完成空压机整体的装配。

3. 建模过程

在 CATIA 中打开装配模块界面，插入现有部件，将已经完成建模的空压机数据导入装配界面中，如图 6.4.1 所示。

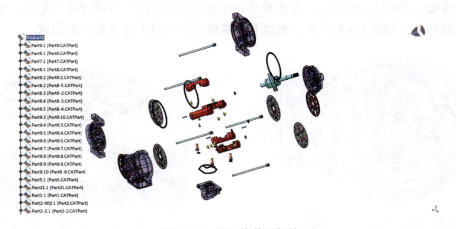

图 6.4.1　导入待装配部件

1）单击固定命令 ⚓，再次单击空压机的下端盖完成空压机下端体的固定。完成后，下端盖上会出现绿色的船锚样式的图标，如图 6.4.2 所示。

2）单击相合约束命令 ⊘，单击下端盖定位孔的壁面选中其轴心线，如图 6.4.3 所示；单击与其对应的下端盖垫片的定位销孔壁面，如图 6.4.4 所示；单击更新命令 ⟲ 完成约束，图中的绿色圆圈皆为高亮，表明约束无报错，如图 6.4.5 所示。

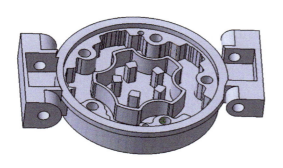

图 6.4.2　固定空压机下端盖

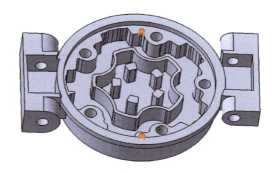

图 6.4.3　选中下端盖定位孔轴心线

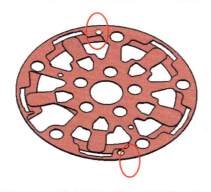

图 6.4.4　选中垫片的定位销孔轴心线

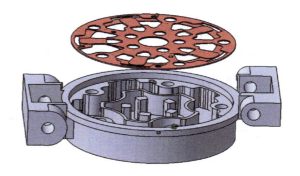

图 6.4.5　相合约束

3）单击接触约束命令 ⬚，采用面与面相接触的方式进行约束；单击选中下端盖定位销孔的上表面，如图 6.4.6 所示；再次单击选中垫片的下表面，如图 6.4.7 所示；单击更新命令，完成约束，如图 6.4.8 所示；至此下端盖垫片六个自由度全部约束完成。

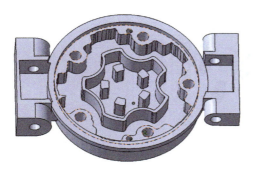

图 6.4.6　选中定位销孔的上表面

图 6.4.7　选中垫片的下表面

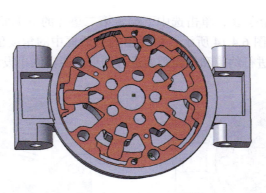

图 6.4.8　下端盖与垫片相约束

4）使用相合约束命令，约束下端盖定位销与下端盖定位孔的关系，单击相合 命令，选中其中一个定位销的下表面，如图 6.4.9 所示。

5）选中与其对应的定位孔的下端面，如图 6.4.10 所示；单击更新命令，完成定位销与孔的约束，如图 6.4.11 所示。

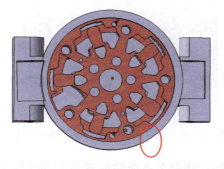

图 6.4.9　选中定位销的下表面

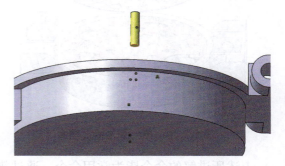

图 6.4.10　选中定位孔的下端面

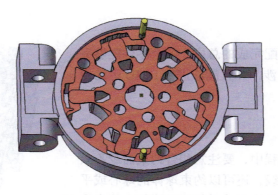

图 6.4.11　定位销与孔的约束

6）单击偏移约束 ，单击选中另一个定位销的下端面，随后选中定位孔的下端面，将跳出的命令框中的距离改为 0，单击确定。单击更新命令，完成下端盖定位销的约束，如图 6.4.12 所示。

7)单击角度约束命令，单击选中下端盖第二垫片的下端面，如图 6.4.13 所示；与第一垫片的上端面，如图 6.4.14 所示；将弹出的对话框中的角度值设为 180°，单击确定，完成约束；对其定位孔进行约束和端面距离进行约束，距离大小设为 0，如图 6.4.15 所示。

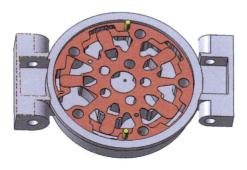

图 6.4.12　另一个定位销与孔的约束

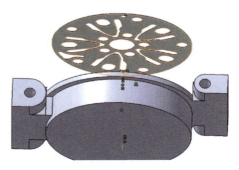

图 6.4.13　选中下端盖第二垫片的下端面

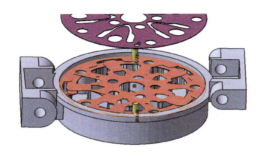

图 6.4.14　第一垫片的上端面

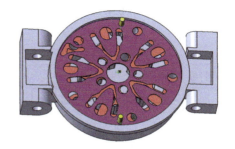

图 6.4.15　第一垫片与第二垫片约束完成

上述所讲解的命令皆为常用命令，通过熟练地使用这些命令就能完成其他零部件的装配。

4. 结果

图 6.4.16 所示为装配完成的总成。各个零件能够完成装配，零件之间无干涉，并且能够进行 DMU 运动模拟仿真。

5. 总结

在空压机的装配过程中，要注意相合约束命令不只是约束孔或圆柱的轴心线，还可以约束球体的球心或平面。在装配中，大多数的约束关系都可以用相合约束来完成。

在使用相合命令进行约束平面或使用偏移命令时，箭头方向的选择会影响到零件间的装配效果。

图 6.4.16　空压机总装图

6.5 DMU 仿真案例

1. 要求

本节以 6.4 节装配好的空压机进行 DMU 运动模拟仿真来讲解 DMU 的流程和思路。对 6.4 节装配好的空压机进行 DMU 运动模拟仿真。

2. 建模思路

1）先理解空压机的工作原理。斜盘式压缩机的斜盘机构如图 6.5.1 所示，当轴 5 旋转时，斜盘 6 便随之旋转，斜盘旋转后通过半球滑履 3 而推动活塞 2 作往复运动。斜盘式压缩机主要由缸体、前后缸盖、前后阀板、活塞、斜盘（与主轴连成一体）、钢球和其他零件组成。驱动轴上固定斜盘 6，斜盘卡装在活塞 2 中，斜盘回转牵连活塞作往复运动。

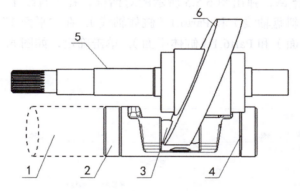

图 6.5.1 斜盘机构图

1—气缸 2—活塞 3—半球滑履 4—活塞环 5—轴 6—斜盘

2）将与运动无关的零件隐藏，留下关键的运动件进行仿真约束，如图 6.5.2 所示。

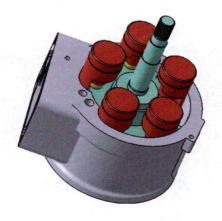

图 6.5.2 关键运动件图

3. 约束过程

1）单击固定命令 ⚓，将缸体约束。在弹出的对话框（图 6.5.3）中单击新机械装置，在图 6.5.4 所示的对话框中单击确定，然后选择缸体，至此缸体被固定。

图 6.5.3　新固定零件对话框　　　　　　　　图 6.5.4　创建机械装置对话框

2）单击旋转接合 ，弹出图 6.5.5 所示的对话框，在"直线 1"和"直线 2"功能栏中分别选中 Part7.1（斜盘轴线）和 Part6.1（缸体轴线），在"平面 1"和"平面 2"中分别选中 Part7.1（斜盘平面）和 Part6.1（缸体平面），单击确定，如图 6.5.6 所示，完成模型如图 6.5.7 所示。

图 6.5.5　旋转对话框

图 6.5.6　平面的选择对话框

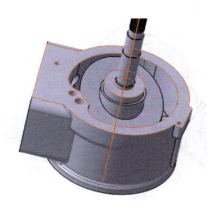

图 6.5.7　完成模型

3）单击球面接合，在弹出的对话框中,"点 1"选择 Part9.9（半球的球面），如图 6.5.8 所示；"点 2"选择 Part8.5（活塞与半球接合处的凹面），如图 6.5.9 所示，单击确定。

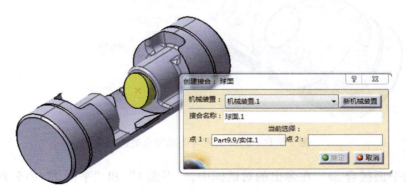

图 6.5.8　选择半球的球面

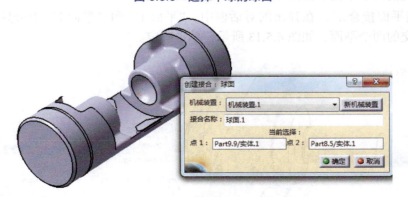

图 6.5.9　选择活塞与半球接合处的凹面

4）创建球面接合，在弹出的对话框中,"点 1"选择 Part9.4（对面半球的球面），如图 6.5.10 所示；"点 2"选择 Part8.5（活塞与半球接合处的凹面），如图 6.5.11 所示，单击确定。

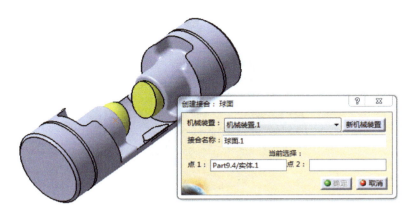

图 6.5.10　选择对面半球的球面

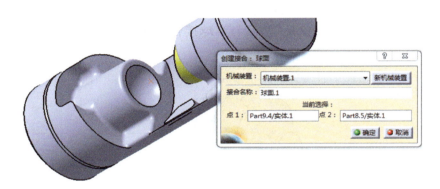

图 6.5.11　选择活塞与半球接合处的凹面

5）创建平面接合，在弹出的对话框中,"平面 1"和"平面 2"中分别选择左侧半球与斜盘相交的两个平面，如图 6.5.12 所示，单击确定。

6）创建平面接合，在弹出的对话框中,"平面 1"和"平面 2"中分别选择右侧半球与斜盘相交的两个平面，如图 6.5.13 所示，单击确定。

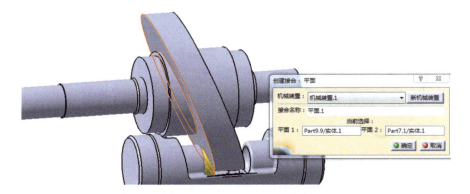

图 6.5.12　左侧半球与斜盘相交的平面相接合

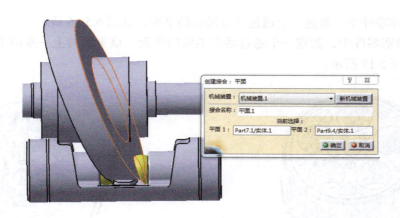

图 6.5.13 右侧半球与斜盘相交的平面相接合

7）单击圆柱接合，在弹出的对话框中,"直线 1"和"直线 2"分别选择活塞的轴线和对应气缸的轴线,如图 6.5.14 所示,单击确定。

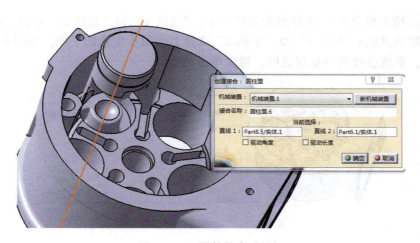

图 6.5.14 圆柱接合对话框

8）单击刚性接合，在弹出的对话框中,"零件 1"和"零件 2"分别选择同一个活塞上的上下两个半球,如图 6.5.15 所示,单击确定。

图 6.5.15 刚性接合对话框

9)在缸体零件中,新建一个通过气缸轴线的平面,如图 6.5.16 所示。

10)在活塞零件中,新建一个通过活塞轴线的平面。该平面与上一步的平面平行且距离为 0,如图 6.5.17 所示。

图 6.5.16　创建通过气缸轴线的平面　　　　　　图 6.5.17　创建通过活塞轴线的平面

11)单击棱形接合 ，在弹出的对话框中,"直线 1"和"直线 2"分别选择活塞的轴线和对应气缸的轴线;"平面 1"和"平面 2"选择上面两步创建的平面,如图 6.5.18 所示;单击确定后,系统会弹出信息对话框,再次单击确定。

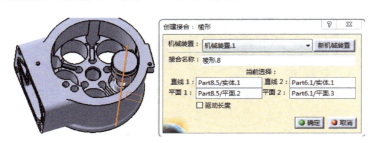

图 6.5.18　棱形接合对话框

12)在树状图中,找到"机械装置.1",如图 6.5.19 所示;双击旋转接合,在弹出的对话框中选择角度驱动,如图 6.5.20 所示;单击确定。

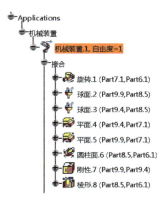

图 6.5.19　树状图　　　　　　　　　　图 6.5.20　旋转接合编辑对话框

13）在上一步单击确定后，系统会弹出"可以模拟机械装置"信息提示框，单击确定。到这里，空压机的一个活塞就可以开始模拟运动。

14）单击运动模拟命令 ，参数按图 6.5.21 设置；单击播放按钮，可以看到活塞的运动。

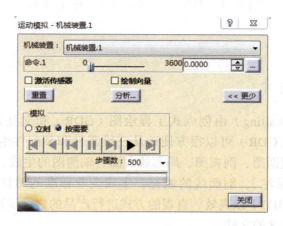

图 6.5.21　运动仿真参数设置

以上步骤是其中一个活塞与气缸运动的仿真，其他活塞与气缸运动的仿真请参照以上步骤设置。

4. 总结

1）在做运动仿真时，一定要了解零件之间的运动关系。
2）一般情况下，做一个运动仿真只需要加一个驱动。
3）在创建约束时，思路要清晰，约束完成后，可以看到机械装置里的自由度是 0。

第 7 章 工程制图

7.1 工程制图简介

工程绘图模块（Drafting）由创成式工程绘图（GDR）和交互式工程绘图（ID1）组成。创成式工程绘图（GDR）可以很方便地从三维零件和装配件生成出相关联的工程图样，包括各向视图、剖面图、剖视图、局部放大图、轴测图的生成，以及尺寸的标注（可自动标注，也可手动标注）、剖面线的填充、生成企业标准的图样、生成装配件材料表等。交互式工程绘图（ID1）以高效、直观的方式进行产品的二维设计，可以很方便地生成 DXF 和 DWG 等其他格式的文件。

本章主要通过讲述空压机后端盖的制图过程，来让读者熟悉制图的流程与注意点。之后会有一些练习题供读者进行练习。

7.2 某空压机后端盖工程图绘制

1. 要求

根据所给的后端盖实体文件及参考图样，完成工程图的绘制。

2. 制图过程

（1）创建投影视图

1）打开本章附件"7.2 3D_hou duan gai.CATPart"，然后下拉菜单：文件—新建—drawing—确定；选择图纸样式，如图 7.2.1 所示。

2）点击正视图 命令，通过下拉菜单"窗口"切换到零件窗口，选择后端盖 3D 模型上表面，如图 7.2.2 所示。

图 7.2.1 新建工程图

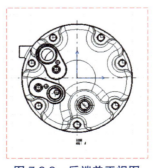

图 7.2.2 后端盖正视图

3）使用对齐剖视图 命令。右键单击 A—A 剖视线，选择属性，可以更改箭头方向，如图 7.2.3 和图 7.2.4 所示。

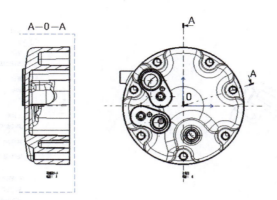

图 7.2.3　创建后端盖 A—O—A 剖视图

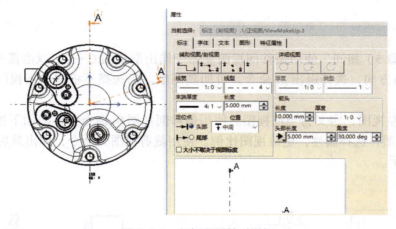

图 7.2.4　剖视图属性对话框

4）选定正视图图样，使用投影视图 命令，作出左视图，如图 7.2.5 所示。

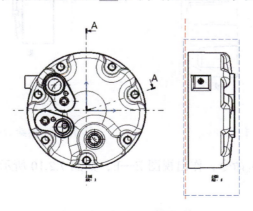

图 7.2.5　创建后端盖左视图

5）使用偏移剖视图命令，作出剖视图 B—B，右键单击剖视图 B—B，选择视图定位，选择不根据参考视图定位，可以任意变动视图的摆放位置，如图 7.2.6 和图 7.2.7 所示。

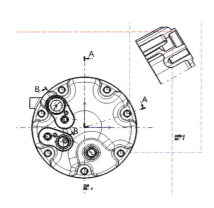
图 7.2.6　创建后端盖 B—B 剖视图

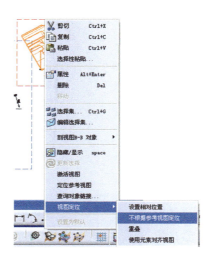
图 7.2.7　视图定位设置

6）与步骤5）相同，使用偏移剖视图命令作出剖视图 C—C。双击箭头，使用命令可更改视角方向，选择退出命令，可回到图纸。仍选择不根据参考视图定位，如图 7.2.8 所示。

7）双击左视图，定义为当前视图。使用偏移剖视图命令，作出如下视图，右键单击 D—D 剖视图，选择属性，更改视图比例。使用裁剪视图命令，作出裁剪视图 D—D，如图 7.2.9 所示。

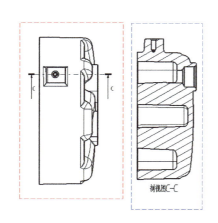
图 7.2.8　创建 C—C 剖视图

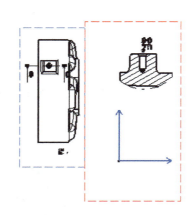
图 7.2.9　创建 D—D 裁剪视图

8）使用对齐剖视图命令，作出视图 E—E，如图 7.2.10 所示。

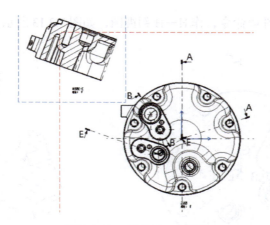

图 7.2.10　创建 E—E 视图

9）使用详细试图 命令，作出详细视图，更改视图比例，如图 7.2.11 所示。

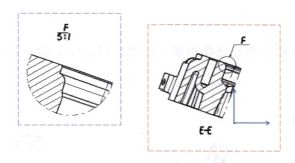

图 7.2.11　更改视图比例

10）使用偏移剖视图 命令，作 G—G 剖视图，如图 7.2.12 所示。

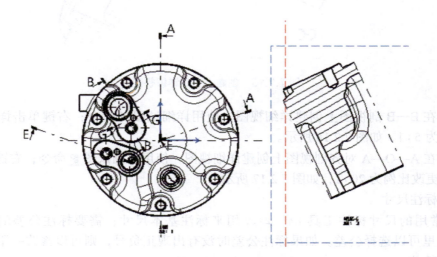

图 7.2.12　创建 G—G 剖视图

11）使用偏移剖视图 命令，作 H—H 剖视图，如图 7.2.13 所示，结果如图 7.2.14 所示。

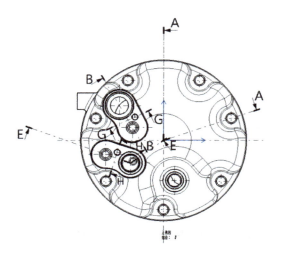

图 7.2.13　创建 H—H 剖视图　　　　　图 7.2.14　H—H 剖视图

12）在 C—C 剖视图上创建详细视图，使用详细试图 命令；右键单击详细视图 I，如图 7.2.15 所示。

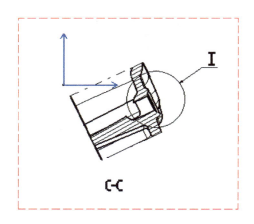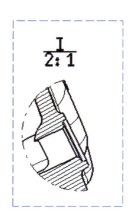

图 7.2.15　创建 C—C 详细视图

13）在 B—B 剖视图上创建详细视图，使用详细试图 命令；右键单击详细视图 J，更改比例为 5∶1，如图 7.2.16 所示。

14）在 A—O—A 对齐剖视图上创建详细视图，使用详细试图 命令；右键单击详细视图 K，更改比例为 20∶1，如图 7.2.17 所示。

（2）标注尺寸

1）常用的尺寸标注工具 用来标注基本尺寸；需要标注公差的时候，在尺寸属性里可以选择公差。如果标注公差时没有出现正负号，则可以修改一下字体，如图 7.2.18 所示。

2）标注偏差，参照图 7.2.19。

3）标注角度，参照图 7.2.20。

4）标注文字解释时，单击带引出线的文本 ，如图 7.2.21 所示。

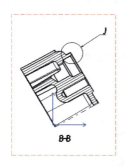 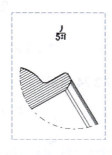 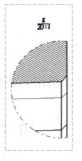 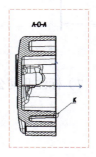

图 7.2.16　创建 B—B 详细视图　　　　　　　　图 7.2.17　创建 A—O—A 详细视图

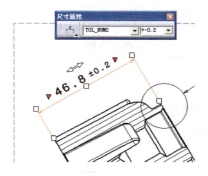 

图 7.2.18　标注公差正负号　　　　　　　　　　图 7.2.19　标注偏差

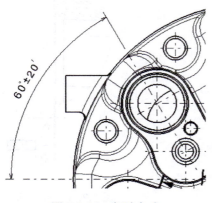 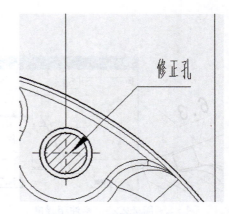

图 7.2.20　标注角度　　　　　　　　　　　　　图 7.2.21　使用带引出线的文本

5）添加文本时，单击文本 T 命令，如图 7.2.22 所示。

6）标注 16MIN 时，在后面添加文本，如图 7.2.23 所示。

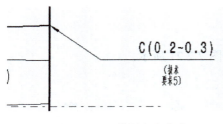

图 7.2.22 使用文本命令

图 7.2.23 添加文本

7）标注几何公差时，单击几何公差 ，如图 7.2.24 所示。

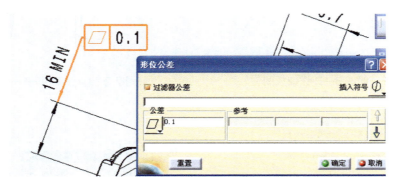

图 7.2.24 标注几何公差

8）标注粗糙度时，单击粗糙度符号 ，如图 7.2.25 所示。

9）标注基准时，单击基准特征 ，如图 7.2.26 所示。

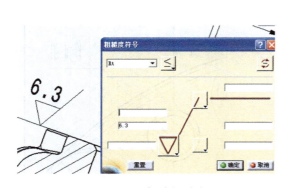

图 7.2.25 标注粗糙度

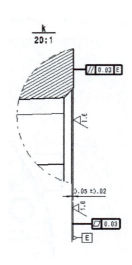

图 7.2.26 标注基准

3. 最终结果

最终结果如图 7.2.27 所示的参考图样。

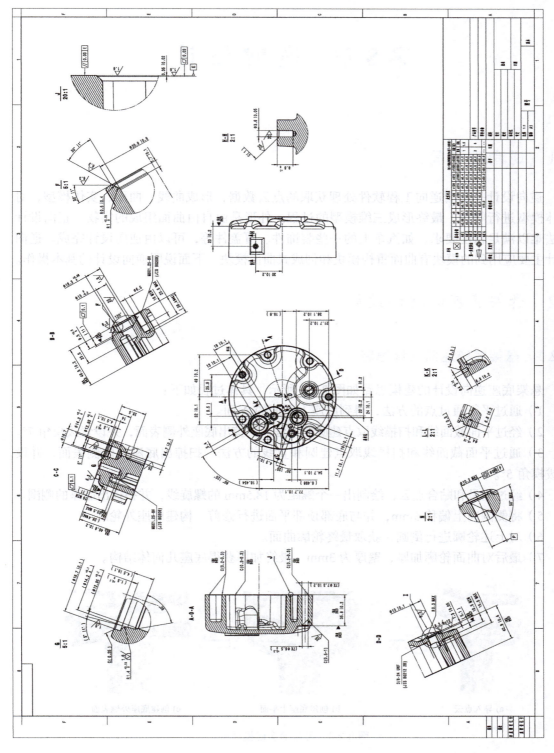

图 7.2.27 最终结果图样

第 8 章 逆向设计

8.1 逆向设计简介

逆向设计是利用逆向工程软件处理获取的点云数据,形成曲线、曲面、实体模型,对实体模型进行修正,最终形成三维模型的过程。外形是由自由曲面组成的实物,正向设计方法难以满足精度要求,如汽车上的一些装饰件、覆盖件等,可以由逆向设计完成。逆向设计主要应用到的模块有曲面重构模块和创成式曲面模块,下面说明逆向设计的基本操作。

8.2 悬架底座的逆向设计

8.2.1 悬架底座逆向设计思路

悬架底座逆向设计的建模思路如图 8.2.1 所示,具体过程如下:
1) 通过平行通过点的方法,得到底座上平面的 A 面。
2) 经过平面截面线和扫描线取点建圆的方法,扫掠出底座外侧表面,并设置拔模角 7°。
3) 通过平面截面线和扫描线取点建圆和直线的方法,扫掠出底座的内侧表面,并设置拔模角 5°。
4) 经过测量和贴合点云,绘制出一个螺距为 18.5mm 的螺旋线,并扫掠出底座的侧围。
5) 将侧围向上偏移 3mm,并与底部顶部平面进行修剪,构建底座外轮廓。
6) 对上述轮廓进行倒圆,获取最终轮廓曲面。
7) 最后对曲面轮廓加厚,壁厚为 3mm,最终加厚获得底座几何体结构。

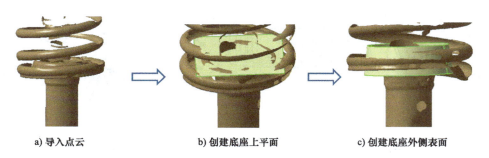

a) 导入点云　　　　b) 创建底座上平面　　　　c) 创建底座外侧表面

图 8.2.1　悬架底座建模思路

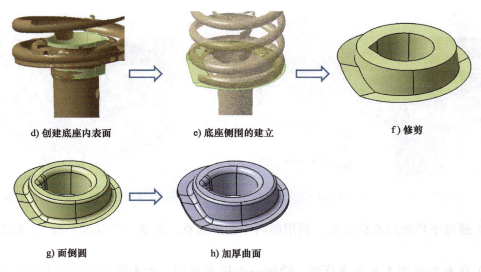

图 8.2.1 悬架底座建模思路（续）

8.2.2 悬架底座逆向建模过程

1. 导入点云文件

打开 CATIA 软件，选择下拉菜单|开始 ➡ 形状 ➡ Digitized Shape Editor 命令，单击数字化曲面设计工具，使用点云工具导入点云。具体流程如图 8.2.2 所示。

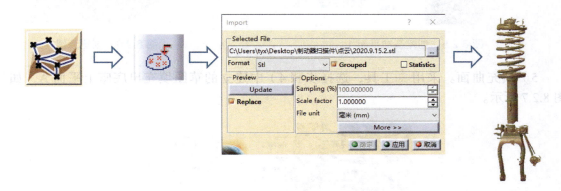

图 8.2.2 导入点云

2. 创建悬架底座的上平面

1）采用工具在悬架底座的顶部创建点，点的类型选择"坐标"方式，如图 8.2.3 所示。

2）通过 1）的方法创建多个点，得到的结果如图 8.2.4 所示。

图 8.2.3 在底座顶部创建点

图 8.2.4 在底座顶部创建多个点

3）通过平均通过点的方法，利用前两步创建的点，创建一个基准平面 1，如图 8.2.5 所示。

4）在基准平面 1 上创建草图。绘制一个矩形草图，大小覆盖过底座顶部平面，如图 8.2.6 所示。

图 8.2.5 创建基准平面 1

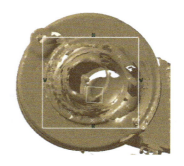

图 8.2.6 创建草图

5）填充曲面。采用 工具，选择步骤 4）中建立的草图填充出底座上平面 A，如图 8.2.7 所示。

图 8.2.7 填充出底座上平面 A

3. 创建底座外侧表面

1)创建截面线。单击平面截面工具 ▧，弹出图 8.2.8 所示的对话框,在 Element 中选择点云,在 Reference 中选择平面的方式,选择基准平面 1,单击应用,再单击确定,创建的截面线如图 8.2.9 所示。

图 8.2.8　平面截面对话框　　　　　　　　图 8.2.9　扫出截面线

2)采用 · 工具在扫出的截面线上创建三点(为后面创建圆),如图 8.2.10 所示。

图 8.2.10　创建点对话框

3)根据创建的三点,采用 ○ 工具,用三点创建圆的方法建立一个圆,如图 8.2.11 所示。

图 8.2.11　创建圆对话框

4）采用 工具扫掠出底座外侧表面。扫掠对话框如图 8.2.12 所示，引导线选择刚创建的圆，拔模方向选择最开始创建的基准平面 1，其他参数按图 8.2.12 设置，生成底座外侧表面如图 8.2.13 所示。

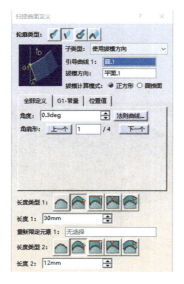

图 8.2.12　扫掠对话框

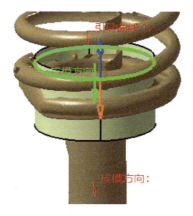

图 8.2.13　创建底座外侧表面

4. 创建底座内侧表面

1）创建截面线。单击平面截面工具 ，弹出图 8.2.14 所示的对话框，在 Element 中选择点云，在 Reference 中选择平面的方式，选择基准平面 1，沿底座内侧表面拉动图中箭头到合适的位置，直到得到较完整的内侧表面截面，单击应用，再单击确定，创建的截面线如图 8.2.15 所示。

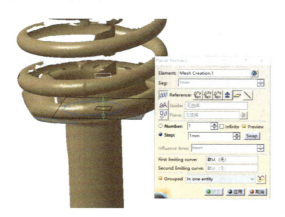

图 8.2.14　平面截面对话框

图 8.2.15　扫出截面线

2）在扫出的截面线上采用 工具创建三个点（为后面创建圆），如图 8.2.16 所示。

3）根据步骤2）中创建的三点，采用○工具建立圆，如图8.2.17所示。

图 8.2.16　创建点对话框

图 8.2.17　创建圆对话框

4）通过观察发现，底座内圆柱面有个向外凸出的角，在凸出处采用·工具创建点，一边两点，如图8.2.18所示创建四个点。

5）采用创建直线工具，用两点创建线的方法创建直线，如图8.2.19所示。

图 8.2.18　创建点对话框

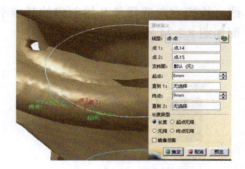

图 8.2.19　创建直线对话框

6）创建好的两直线如图8.2.20所示。

7）将建立好的圆和直线采用工具✂进行修剪，修剪对话框如图8.2.21所示，修剪结果如图8.2.22所示。

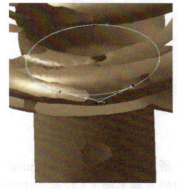

图 8.2.20　创建两直线

图 8.2.21　修剪对话框

CATIA 汽车结构设计教程

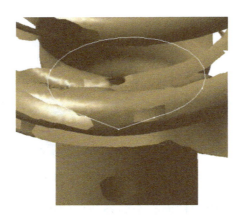

图 8.2.22 修剪结果

8）采用工具扫掠出内侧表面，对话框如图 8.2.23 所示，引导线选择刚修剪的轮廓线，拔模方向选择最开始创建的基准平面 1，其他参数按图 8.2.23 设置，生成底座内侧表面如图 8.2.24 所示。

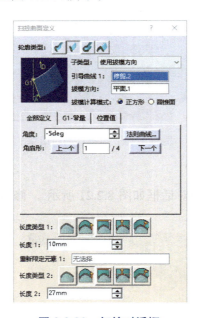

图 8.2.23 扫掠对话框

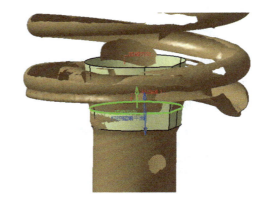

图 8.2.24 创建底座内侧表面

5. 创建螺旋面

1）创建截面线，单击平面截面工具，弹出图 8.2.25 所示的对话框，在 Element 中选择点云，在 Reference 中选择平面的方式，选择最开始创建的基准平面 1，拉动图中箭头到合适的位置，单击应用，再单击确定，创建的截面线如图 8.2.25 所示。

图 8.2.25　创建截面线

2）采用 · 工具在步骤 1）创建截面线上创建三点（为后面创建圆），如图 8.2.26 所示。

3）根据创建的三点，采用 ○ 工具，用三点创建圆的方法建立一个圆，如图 8.2.27 所示。

图 8.2.26　创建点对话框

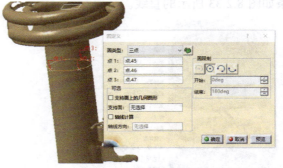

图 8.2.27　创建圆对话框

4）创建步骤 3）建立的圆的圆心，采用 · 工具，点的类型选择圆/球面/椭圆中心，结果如图 8.2.28 所示。

5）采用 ╱ 工具，用点和方向的方法创建中心线，方向选择前面创建的基准平面 1，结果如图 8.2.29 所示。

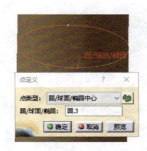

图 8.2.28　创建点对话框

图 8.2.29　创建中心线对话框

6）采用 · 工具创建出螺旋线的起点，单击点云上螺旋线的起始处，如图 8.2.30 所示。

7）选择 工具创建螺旋线，起点选择步骤 6）创建的点，轴选择步骤 5）创建的中心线，螺距为 18.5mm，高度为 15mm，其他参数如图 8.2.31 所示，创建的结果如图 8.2.31 左侧所示。

图 8.2.30 创建螺旋线的起点

图 8.2.31 创建螺旋线

8）单击 工具，系统弹出图 8.2.32 所示的对话框，在螺旋线的另一个端点处创建一条如图 8.2.33 所示的直线。

图 8.2.32 创建直线对话框

图 8.2.33 创建直线

9）采用 工具扫掠出螺旋面，对话框如图 8.2.34 所示，引导线选择步骤 8）创建的直线和步骤 7）创建的螺旋线，其他参数按图 8.2.34 设置，生成的螺旋面如图 8.2.35 所示。

图 8.2.34 扫掠对话框

图 8.2.35 创建螺旋面

10)采用 工具将建立好的螺旋面延伸22mm,如图8.2.36所示。

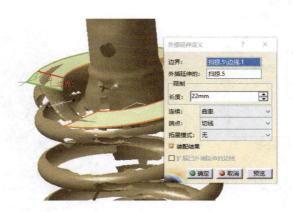

图 8.2.36　延伸螺旋面

6. 创建螺旋面的连接斜面

1)采用 工具创建两点,如图8.2.37所示。
2)用两点创建直线的方法创建直线,如图8.2.38所示。

图 8.2.37　创建点对话框　　　　　　　　图 8.2.38　创建直线对话框

3)采用 工具扫掠出连接斜面,对话框如图8.2.39所示,引导线选择步骤2)创建的直线,拔模方向选择最开始创建的基准平面1,其他参数按图8.2.39设置。为了方便后续修剪,长度均设为25mm。生成连接斜面如图8.2.40所示。

7. 面的修剪

1)将螺旋面的一端采用 工具延伸使其与斜面相交,如图8.2.41所示。
2)采用分割命令 ,将螺旋面一端与相交的斜面进行分割,如图8.2.42所示。

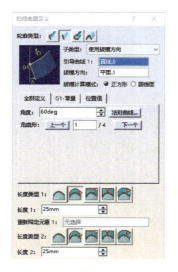

图 8.2.39 扫掠对话框

图 8.2.40 创建斜面

图 8.2.41 延伸螺旋面一端

图 8.2.42 定义分割对话框 1

3）采用分割命令 ![icon]，继续将螺旋面一端与相交的斜面进行分割，如图 8.2.43 所示。

4）将螺旋面另一端采用 ![icon] 工具延伸使其与斜面相交，如图 8.2.44 所示。

图 8.2.43 定义分割对话框 2

图 8.2.44 延伸螺旋面一端

5）采用修剪命令 ![icon]，将螺旋面另一端与相交的斜面进行修剪，如图 8.2.45 所示。最终修剪结果如图 8.2.46 所示。

图 8.2.45　定义修剪对话框

图 8.2.46　最终修剪结果

6）采用 工具，将图 8.2.46 向上偏移 3mm，得到的侧围面如图 8.2.47 所示。

图 8.2.47　定义偏移对话框

8. 创建圆柱面（用于修剪侧围面）

1）在标题 4 中做好的底座内侧表面的轮廓线上采用 工具创建圆心，如图 8.2.48 所示。

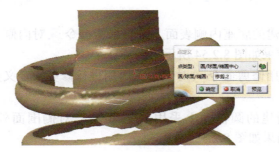

图 8.2.48　创建圆心

2）采用 ⊙ 工具，以步骤1）中创建的点为圆心建立圆，半径为60mm，如图8.2.49所示。

3）采用拉伸命令 ，将步骤2）中建立的圆拉伸出圆柱面，如图8.2.50所示。

图 8.2.49　创建圆　　　　　　　　　　　图 8.2.50　创建圆柱面

9. 修剪所有面

1）显示标题2中创建的上平面A，标题3中创建的底座外侧表面，采用修剪命令 ，对外侧表面进行修剪，定义如图8.2.51所示。修剪结果如图8.2.52所示。

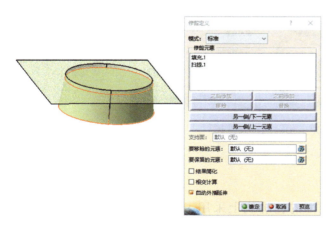
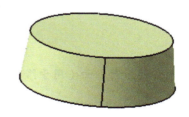

图 8.2.51　修剪外侧表面　　　　　　　　图 8.2.52　修剪外侧表面结果

2）在标题4中创建的底座内侧表面上采用修剪命令 对内侧表面进行修剪，定义如图8.2.53所示。修剪结果如图8.2.54所示。

3）在侧围面上采用修剪命令 对侧围面内侧进行修剪，定义如图8.2.55所示。修剪结果如图8.2.56所示。

4）在标题8中创建的圆柱面上采用分割命令 对侧围面外侧进行修剪，定义如图8.2.57所示。修剪结果如图8.2.58所示。

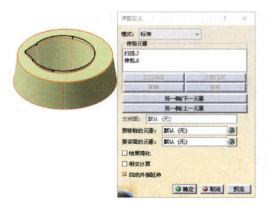 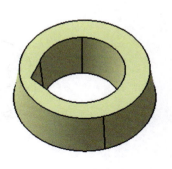

图 8.2.53　修剪内侧表面　　　　　　　　　图 8.2.54　修剪内侧表面结果

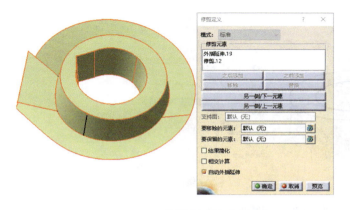 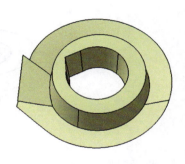

图 8.2.55　修剪侧围面内侧　　　　　　　　图 8.2.56　修剪侧围面内侧结果

 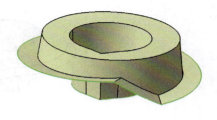

图 8.2.57　修剪侧围面外侧　　　　　　　　图 8.2.58　修剪侧围面外侧结果

10. 倒圆

1）采用 工具对斜面相交处倒圆，圆角半径为 20mm，如图 8.2.59 所示。

2）采用 工具对侧围面进行倒圆，圆角半径为 5mm，如图 8.2.60 所示。

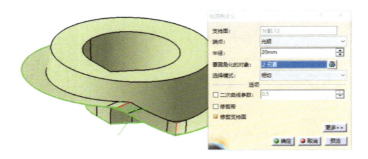

图 8.2.59　倒圆 1

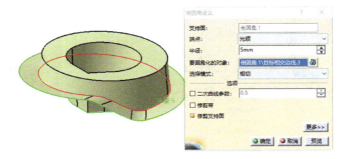

图 8.2.60　倒圆 2

3）采用 工具对顶面进行倒圆，圆角半径为 3mm，如图 8.2.61 所示。

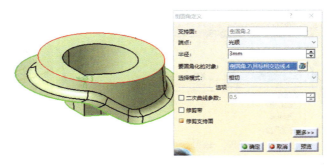

图 8.2.61　倒圆 3

4）采用 工具对内侧表面凸起处进行倒圆，圆角半径为 60mm，如图 8.2.62 所示。
5）采用 工具对内侧表面凸起两侧进行倒圆，圆角半径为 5mm，如图 8.2.63 所示。
6）采用 工具对内侧表面凸起处进行倒圆，圆角半径为 6mm，如图 8.2.64 所示。

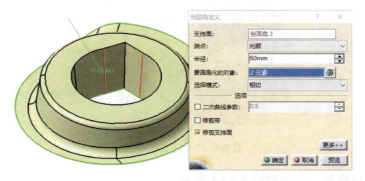

图 8.2.62　倒圆 4

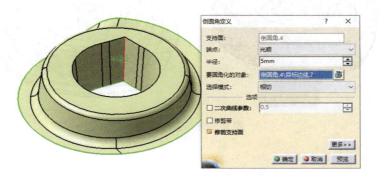

图 8.2.63　倒圆 5

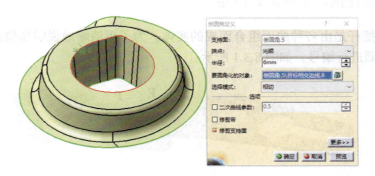

图 8.2.64　倒圆 6

11. 加厚曲面

1）采用厚曲面工具，将图 8.2.64 所示的面加厚 3mm 成为实体，如图 8.2.65 所示。

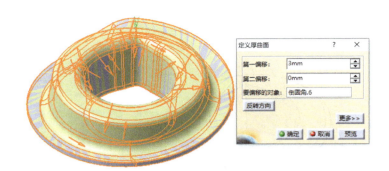

图 8.2.65　定义加厚曲面

2）最终完成底座，模型如图 8.2.66 所示。

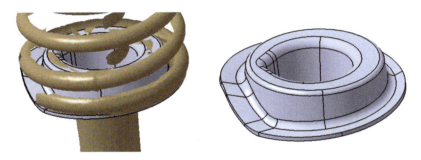

图 8.2.66　最终模型

8.3　案例

8.3.1　车锁限位摆杆逆向设计思路

车锁限位摆杆是由各种曲面组合而成的实体。为了更清晰地说明建模过程，将车锁限位摆杆的上表面进行编号，如图 8.3.1 所示。

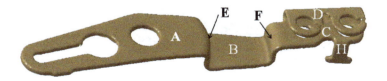

图 8.3.1　模型编号

车锁限位摆杆设计的建模思路如图 8.3.2 所示，具体过程如下：
1）通过平行通过点的方法，绘制出车锁限位摆杆的上表面 A、B、C、D、F、H 面。
2）通过平面截面线和扫描线取点建圆弧的方法，扫掠出中间圆弧面 E 面。

3）对以上所创建的相邻的面进行修剪。

4）通过平面截面线和扫描线取点建轮廓线的方法，创建 A、B、E、F、C 面的轮廓线，并拉伸出侧面，并与创建的轮廓面进行修剪。

5）通过平面截面线和扫描线取点建轮廓线的方法，创建 H 面的轮廓线，拉伸出侧面，并与创建的 H 面进行修剪。

6）将修剪后的 H 面与整体大面进行修剪。

7）通过平面截面线和扫描线取点建轮廓线的方法，创建右端圆弧面，将右端圆弧面和 D 面向下偏移 1.5mm，并进行修剪。将修剪后的面与整体大面再次进行修剪。

8）通过平面截面线和扫描线取点建轮廓线的方法，创建 A、C、D 面上的孔的轮廓线，并进行修剪。

9）对上述轮廓进行倒圆，获取最终轮廓曲面。

10）最后对曲面轮廓加厚，壁厚为 1.5mm，最终加厚获得车锁限位摆杆的几何结构。

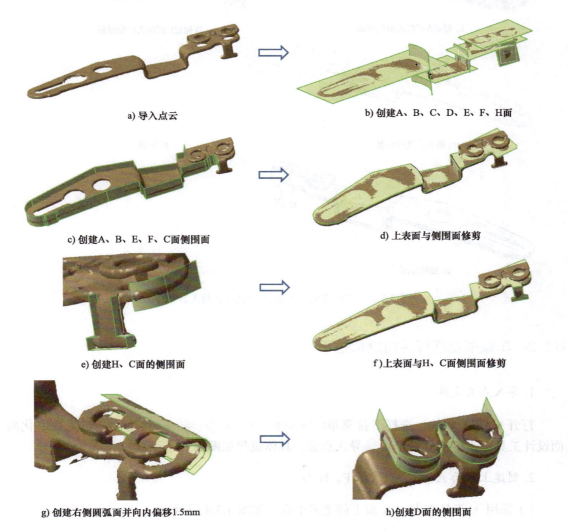

a）导入点云　　　　　　　　　　　　　b）创建A、B、C、D、E、F、H面

c）创建A、B、E、F、C面侧围面　　　　d）上表面与侧围面修剪

e）创建H、C面的侧围面　　　　　　　　f）上表面与H、C面侧围面修剪

g）创建右侧圆弧面并向内偏移1.5mm　　　h）创建D面的侧围面

图 8.3.2　车锁限位摆杆设计的建模流程图

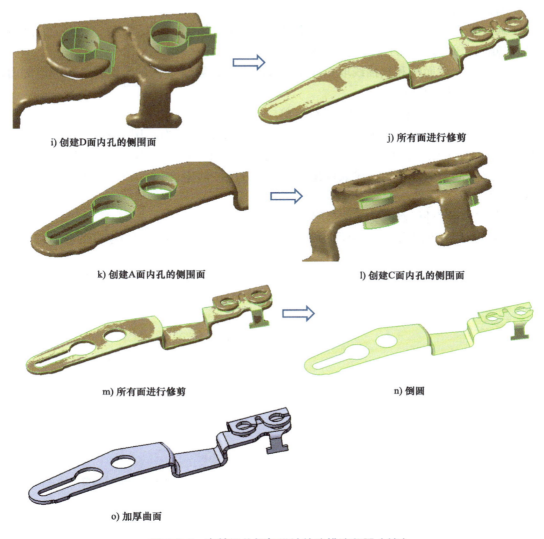

图 8.3.2　车锁限位摆杆设计的建模流程图（续）

8.3.2　车锁限位摆杆逆向建模过程

1. 导入点云文件

打开 CATIA 软件，选择下拉菜单 开始 ➡ 形状 ➡ Digitized Shape Editor 命令，进入数字化曲面设计工具，使用点云工具导入点云，具体流程如图 8.3.3 所示。

2. 创建上表面 A、B、C、D、F、H 面

1）采用工具在点云 A 面上创建多个点，如图 8.3.4 所示。

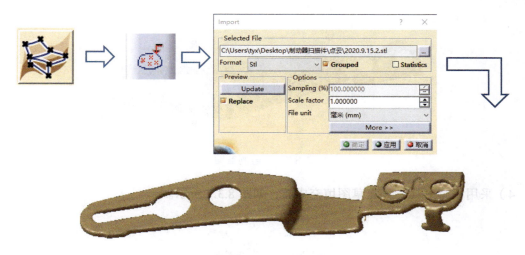

图 8.3.3 导入点云

图 8.3.4 创建点

2）运用工具，采用平均通过点的方式建立一个平面，如图 8.3.5 所示。

图 8.3.5 创建平面

3）运用草图工具，在创建的平面上建立一个矩形，如图 8.3.6 所示。

图 8.3.6　绘制草图

4）采用填充工具 ▨，将草图填充成面，如图 8.3.7 所示。

图 8.3.7　填充曲面

5）按照步骤 1）~ 4）的方法，创建出上表面的 B、C、D、F、H 面，如图 8.3.8 所示。

3. 创建中间圆弧面 E 面

1）单击平面截面工具 ▨，系统弹出图 8.3.9 所示的对话框，在 Element 中选择点云，在 Reference 中选择平面的方式，选择在 A 点云面上创建的平面，创建的截面线如图 8.3.9 所示。

图 8.3.8　创建上表面的 B、C、D、F、H 面

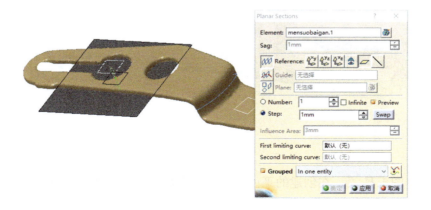

图 8.3.9　创建截面线

2）采用点工具 ·⌈，在扫出的截面线上创建三个点，如图 8.3.10 所示。

图 8.3.10　创建点

3）运用圆/圆弧工具 ◯⌃，通过三个点创建一个圆弧，如图 8.3.11 所示。

图 8.3.11　创建圆弧

4）采用扫掠工具 ⌃，将步骤 3）创建的圆弧扫掠出圆弧面，如图 8.3.12 所示。

5）使用延伸工具 ⌃，将建立的圆弧面进行延伸，如图 8.3.13 所示。

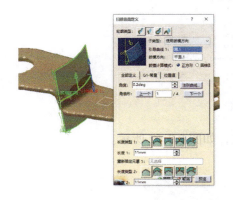

图 8.3.12　扫掠圆弧面

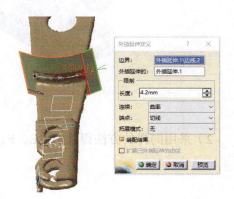

图 8.3.13　延伸圆弧面

4. 修剪创建的 A、B、E、F、C 面

1）显示出做出的所有面，如图 8.3.14 所示。

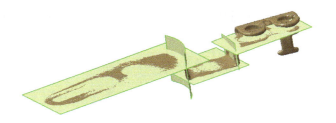

图 8.3.14　显示创建的 A、B、E、F、C 面

2）采用修剪工具，对显示的面进行修剪，得到的结果如图 8.3.15 所示。

图 8.3.15　修剪结果

5. 创建 A、B、E、F、C 面侧围面

1）采用平面截面　扫出 A 面的截面线，如图 8.3.16 所示。

图 8.3.16　A 面截面线

2）采用同样的方法得到 B、E、F、C 面的截面线，如图 8.3.17 所示。

图 8.3.17　B、E、F、C 面截面线

3）采用点工具 在截面线上创建点，如图 8.3.18 所示；创建出所有点的结果如图 8.3.19 所示。

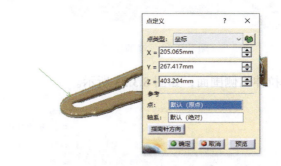

图 8.3.18　创建点

图 8.3.19　创建的所有点

4）采用直线 和圆 工具创建直线和圆弧，得到结果如图 8.3.20 所示。

图 8.3.20　创建直线和圆弧

5）采用 工具将直线和圆弧进行修剪接合，如图 8.3.21 所示，修剪结果如图 8.3.22 所示。

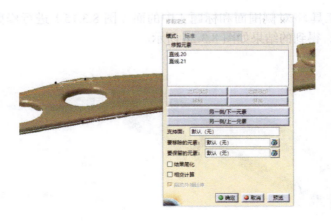

图 8.3.21　修剪对话框

135

图 8.3.22　修剪结果

6）采用拉伸命令 拉伸出侧围面，如图 8.3.23 所示。

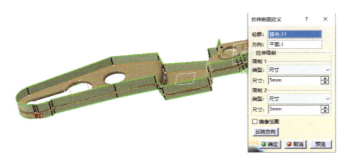

图 8.3.23　创建侧围面

7）采用圆角 工具对侧围面按照点云特征进行倒圆，如图 8.3.24 所示。

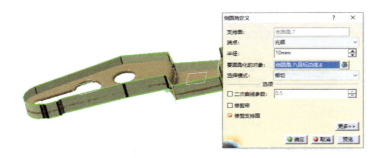

图 8.3.24　倒圆

8）采用分割工具 对侧围面和标题 4 中的面（图 8.3.15）进行修剪，定义分割对话框如图 8.3.25 所示，得到的结果如图 8.3.26 所示。

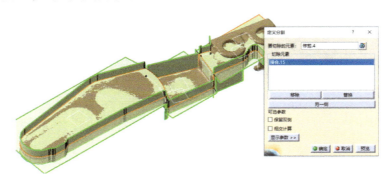

图 8.3.25　定义分割对话框

图 8.3.26　修剪结果

6. 创建 H 面、C 面的侧围面

1）采用平面截面 ⬚ 扫出 H 面的截面线，如图 8.3.27 所示。

2）采用点工具 · 在 H 面截面线上创建点，如图 8.3.28 所示。

图 8.3.27　创建 H 面的截面线

图 8.3.28　创建点

3）采用直线 / 工具创建直线，得到的结果如图 8.3.29 所示。

4）采用修剪 工具对所创建的直线进行修剪，如图 8.3.30 所示。

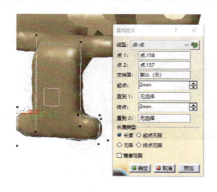

图 8.3.29　创建直线

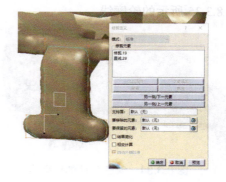

图 8.3.30　修剪对话框

5）采用拉伸工具 拉伸 H 面的侧围面，如图 8.3.31 所示。

6）采用分割命令 对 H 面和 H 面的侧围面进行修剪，如图 8.3.32 所示。

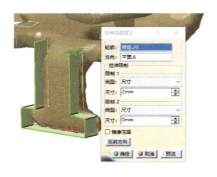

图 8.3.31　拉伸 H 面的侧围面

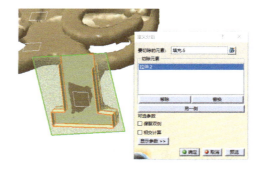

图 8.3.32　分割对话框 1

7）采用分割命令 对图 8.3.26 所示的面和图 8.3.32 所示的面进行修剪，如图 8.3.33 所示。

图 8.3.33　分割对话框 2

8）采用平面截面 扫出 C 面的截面线，如图 8.3.34 所示；运用直线和圆弧命令创建图 8.3.35 所示的轮廓线。

图 8.3.34　创建 C 面的截面线

图 8.3.35　创建轮廓线

9）采用拉伸工具 拉伸 C 面的侧围面，如图 8.3.36 所示。

10）在图 8.3.33 修剪的面上采用分割命令 ，将图 8.3.33 所示的面与图 8.3.36 所示的面进行修剪，如图 8.3.37 所示。

图 8.3.36　拉伸 C 面的侧围面

图 8.3.37　分割对话框

11）将图 8.3.37 所示的面与图 8.3.32 分割的 H 面部分进行接合，如图 8.3.38 所示。

图 8.3.38　接合曲面

7. 右端圆弧面的创建

1）采用平面截面 ⬚ 扫出右端圆弧面的截面线，如图 8.3.39 所示。

图 8.3.39　创建截面线

2）在截面线上创建三个点，如图 8.3.40 所示。

图 8.3.40　创建点

3）根据步骤2）创建的三个点创建一个圆弧，如图8.3.41所示。

图 8.3.41　创建圆弧

4）采用扫掠命令将圆弧扫掠出圆弧面，如图8.3.42所示。

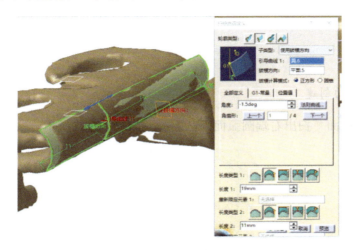

图 8.3.42　创建圆弧面

5）采用延伸命令将圆弧的两侧进行延伸，如图8.3.43所示。

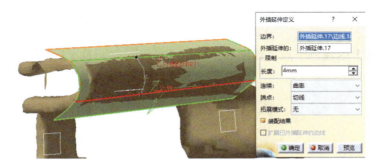

图 8.3.43　延伸圆弧面

6）采用偏移命令将延伸好的圆弧面向内偏移1.5mm，如图8.3.44所示。

7）采用工具将D面也向下偏移1.5mm，如图8.3.45所示。

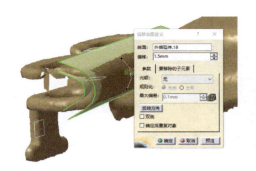 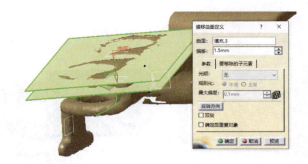

图 8.3.44　偏移圆弧面　　　　　　　　图 8.3.45　偏移 D 面

8）采用分割命令 将图 8.3.44 所示的面与图 8.3.45 所示的面相互修剪，如图 8.3.46 所示。

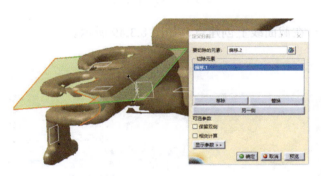

图 8.3.46　定义分割

9）采用接合命令 将上一步分割的两个面接合起来，如图 8.3.47 所示。

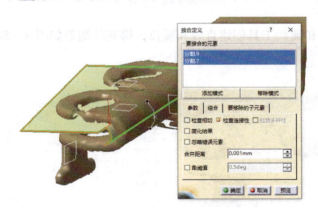

图 8.3.47　定义接合

8. 修剪 D 面

1）采用平面截面 扫出 D 面的截面线，如图 8.3.48 所示。

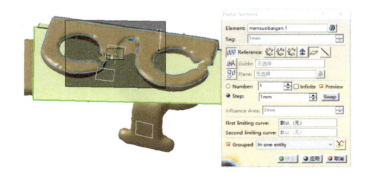

图 8.3.48　扫出截面线

2）采用点工具 在截面线上创建点，如图 8.3.49 所示。

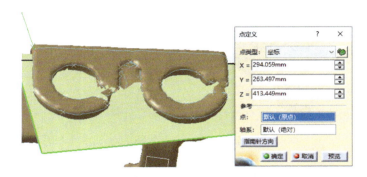

图 8.3.49　创建点

3）采用直线 和圆 工具创建直线和圆弧，得到的结果如图 8.3.50 所示。

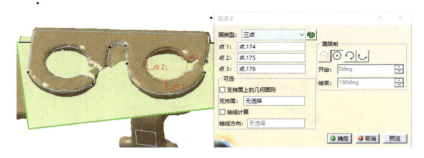

图 8.3.50　创建直线和圆弧

4）采用接合命令 将直线和圆弧接合，如图 8.3.51 所示。

5）采用拉伸工具 将上面接合的直线拉伸出面，如图 8.3.52 所示。

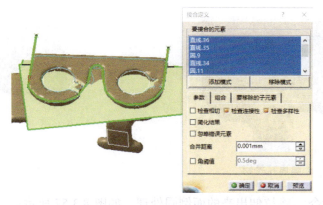

图 8.3.51 定义接合

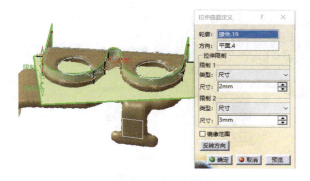

图 8.3.52 拉伸 D 面外轮廓

6）采用分割命令 ，将图 8.3.47 所示的面与图 8.3.52 所示的面相互修剪，如图 8.3.53 所示。分割的结果如图 8.3.54 所示。

图 8.3.53 定义分割

图 8.3.54 分割的结果

7）采用直线 和圆 工具创建直线和圆弧并进行修剪，得到的结果如图 8.3.55 所示。
8）采用拉伸命令 将上一步创建的轮廓拉伸成面，如图 8.3.56 所示。

图 8.3.55　创建内孔轮廓

图 8.3.56　拉伸出内孔面

9）采用圆角命令将拉伸出来的面倒圆处理，如图 8.3.57 所示。

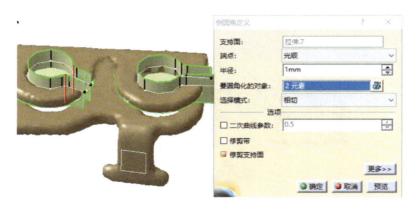

图 8.3.57　倒圆

10）采用分割命令将图 8.3.54 所示的面与图 8.3.57 所示的面相互修剪，如图 8.3.58 所示。分割的结果如图 8.3.59 所示。

图 8.3.58　定义分割

11）采用分割命令将图 8.3.58 所示的面与图 8.3.59 所示的面相互修剪，如图 8.3.60

所示。分割的结果如图 8.3.61 所示。

12）采用接合命令 将分割后的两个面进行接合，如图 8.3.62 所示。接合的结果如图 8.3.63 所示。

图 8.3.59　分割的结果

图 8.3.60　定义分割

图 8.3.61　分割的结果

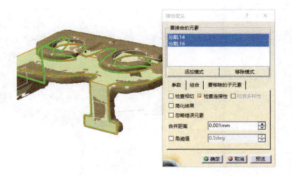

图 8.3.62　接合定义

图 8.3.63　接合的结果

9. 修剪 C 面

1）采用平面截面 扫出 D 面的截面线，如图 8.3.64 所示。
2）采用点工具 在截面线上创建三个点，如图 8.3.65 所示。

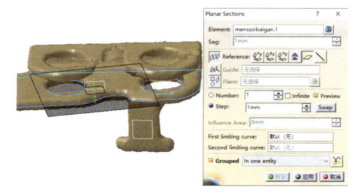

图 8.3.64 扫出截面线

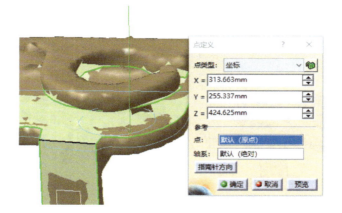

图 8.3.65 创建点

3）采用圆 ⊙ 工具通过三点创建圆，得到的结果如图 8.3.66 所示。

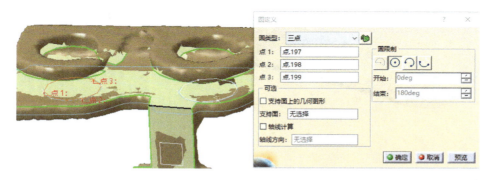

图 8.3.66 创建圆

4）采用拉伸命令 将上一步创建的轮廓拉伸成面，如图 8.3.67 所示。

5)采用分割命令,将图 8.3.62 所示的面与图 8.3.67 所示的面相互修剪,如图 8.3.68 所示。分割的结果如图 8.3.69 所示。

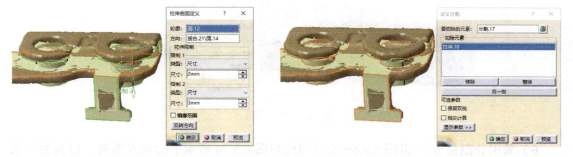

图 8.3.67　拉伸出内侧孔面　　　　　　图 8.3.68　定义分割

图 8.3.69　分割的结果

10. 修剪 A 面

1)采用平面截面 扫出 A 面的截面线,如图 8.3.70 所示。
2)采用点工具 在截面线上创建多个点,如图 8.3.71 所示。

图 8.3.70　扫出截面线　　　　　　　　图 8.3.71　创建点

3)采用直线 和圆 工具创建直线和圆弧并进行修剪,得到的结果如图 8.3.72 所示。
4)采用拉伸命令 将上一步创建的轮廓拉伸成面,如图 8.3.73 所示。

图 8.3.72　创建轮廓　　　　　　　　　图 8.3.73　拉伸出内侧孔面

5）采用圆角工具 对拉伸面进行倒圆处理，如图 8.3.74 所示。

图 8.3.74　倒圆

6）采用分割命令 将图 8.3.69 所示的面与图 8.3.74 所示的面相互修剪，得到的结果如图 8.3.75 所示。

图 8.3.75　分割的结果

7）采用圆角工具 对图 8.3.75 所示的面进行倒圆处理，如图 8.3.76 所示。

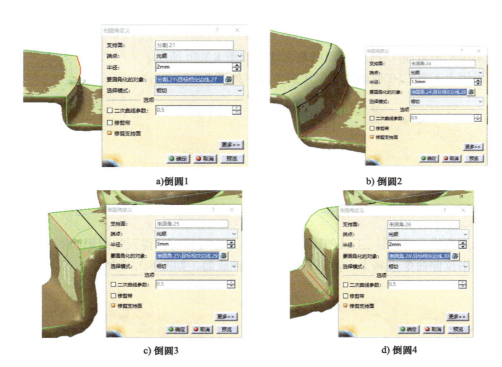

a)倒圆1　　　　　　　　　　　　　　　b)倒圆2

c)倒圆3　　　　　　　　　　　　　　　d)倒圆4

图 8.3.76　面倒圆

e) 倒圆5

图 8.3.76 面倒圆（续）

8）采用厚曲面工具将图 8.3.76 所示的面加厚 1.5mm 成为实体，如图 8.3.77 所示。结果如图 8.3.78 所示。

图 8.3.77 定义加厚

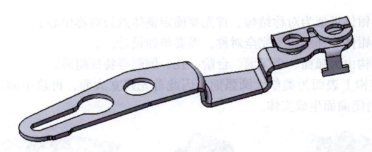

图 8.3.78 加厚结果

149

第 9 章　综合训练：汽车制动器结构设计

汽车盘式制动器是具有使车轮减速、停止或保持停止状态等功能的装置，是汽车制动系统的重要结构。制动器的主要组成部件有制动器钳体、支架、摩擦片、制动盘、制动活塞、导柱等结构。

本章的主要内容：采用逆向设计方法设计制动器钳体、支架、摩擦片；采用正向设计方法设计制动盘、制动活塞、导柱；对各零件进行装配设计；最后完成制动器支架的工程图。

9.1　制动器钳体的逆向设计

9.1.1　制动器钳体逆向设计思路

1. 制动器钳体零件特点

制动器钳体实物如图 9.1.1 所示，通过对实物观察与分析得知，其结构特点主要有以下几方面：

1）制动器钳体为铸造结构，结构设计中要充分考虑其工艺性，如拔模角、分型线等重要工艺参数。
2）制动器钳体近似为对称结构，首先要确定整体点云对称中心。
3）制动器钳体局部结构不完全对称，需要单独设计。
4）钳体结构由大弧面、小弧面、台阶、孔、倒圆等特征组成。
5）钳体结构上表面为类似大圆弧面，因此首先建立大面，再建小面，最后将大面小面进行拼接，封闭曲面生成实体。

图 9.1.1　制动器钳体实物

注：本章需要经常切换使用曲面重构模块和创成式曲面模块，注意书中提及的工具在两个模块中的使用方法。

主要建模思路：通过观察零件，先找到其规则形状（圆面、圆孔、平面等特征），通过截面线等手段提取其关键点，进而构造线或面，再进行拉伸、旋转、修剪、切割、补充等方法形成封闭曲面，最终缝合成实体结构。

2. 建立模型思路

依据上述零件分析特点，钳体结构建模思路如图 9.1.2 所示。

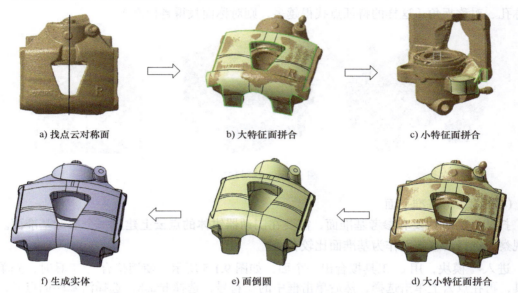

图 9.1.2 制动器钳体建模思路

9.1.2 制动器钳体逆向设计点云前处理

首先观察点云，由于结构接近对称，所以首先要找到结构对称中心面。通过点云上的对称结构，比如孔、平面等去找中心点，再通过该点构造参考中心面；利用这个中心面镜像点云，考察镜像后的点云贴合度，采用平移或旋转等工具调整参考中心面位置，使得镜像之后点云与原始点云具有较好的贴合度。

1. 导入点云

1）如图 9.1.3 所示，将扫描完的点云导入 CATIA。

图 9.1.3 导入点云

2）导入点云后，观察点云。反复观察点云，进行点云结构分析，理清思路，再开始

151

建模。

2. 建立点云中心对称面，调整坐标

（1）寻找对称特征

在点云上找一些具有对称特征的结构，依据这些特征来确定对称面，如图 9.1.4 所示的对称孔、对称拐角（这样的特征点找得越多，则对称面找得越标准）。

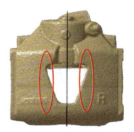

图 9.1.4　找对称特征

（2）建参考基准平面

扫截面的时候要有参考基准面，需要在制动器钳体的点云上建立一个参考基准面。通过观察，选择活塞端面作为基准面比较合适。

进入模块，用工具拟合出一个面，如图 9.1.5 所示。使用拟合工具时，先单击工具，再在点云上单击选择，然后单击框中的符号，选择 brush，选择活塞端面点云，在要建立面的点云上刷出红色的面，单击确定，然后在出现的文本框中选择 plane，单击应用确定，拟合出一个平面。

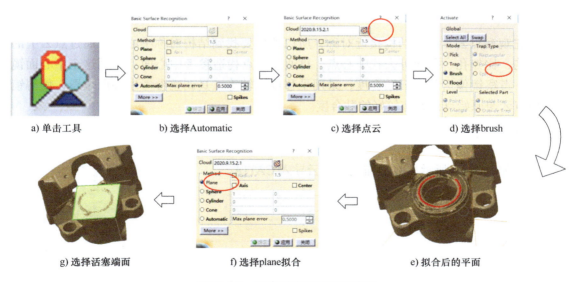

图 9.1.5　拟合活塞端面平面流程

（3）建截面线

在步骤（2）建立的基准平面的基础上建立多截面线。

第 9 章
综合训练：汽车制动器结构设计

如图 9.1.6 所示，建立多截面。单击工具，在 Element 中选择点云，在 Reference 中选择图 9.1.5 所示流程创建的基准面，拖动中间箭头，拉到想要建立草图的位置，调整 Number 和 Step，单击应用确定，即可完成截面的扫描线。

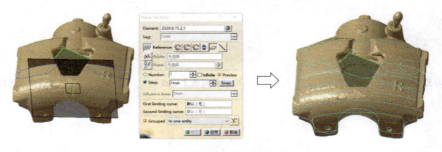

图 9.1.6　扫出截面线结果

（4）建立对称特征

进入创成式曲面模块，通过截面线建立对称点（孔心、交点），进而用对称点来确定点云的中心点。

如图 9.1.7 所示，选择通过圆孔的一个截面线，用工具创建三个点。如图 9.1.8 所示，用工具通过这三个点创建圆；按照这个方法建立另外一个圆。

单击工具，在弹出的对话框的类型中选择圆/球面/椭圆中心，分别选择图 9.1.9 中创建的两个圆，分别建立两个圆的圆心。

图 9.1.7　截面线上创建点　　　　　图 9.1.8　截面线上创建圆

选择图 9.1.10 所示的截面线，用工具创建两个点，然后用点与点连线，建立两根线，再使用将两根线相交。以此类推，在多个截面上分别建立左右对称的相交点。

（5）通过上述对称特征建立中心点

单击工具，在弹出对话框的类型选择"之间"，然后选择图 9.1.9 中的两圆心点及图 9.1.10 中的两个交点，设置比率为 0.5（或单击中点），创建中点。以同样方法分别创建其他对称特征的中心点（图 9.1.11）。

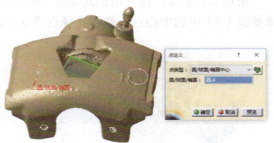

图 9.1.9　找出圆的圆心

153

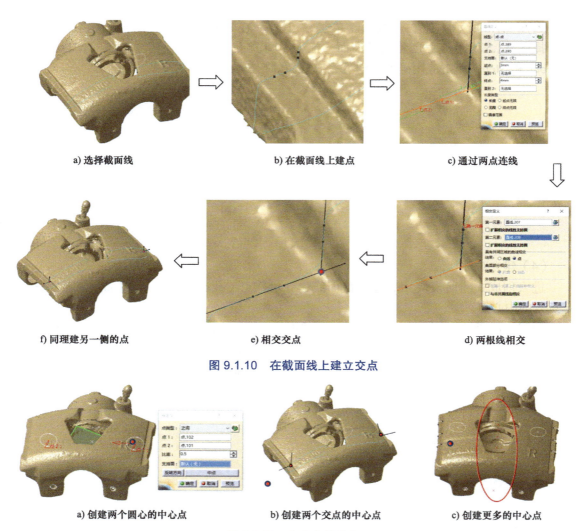

a) 选择截面线　　　　b) 在截面线上建点　　　　c) 通过两点连线

f) 同理建另一侧的点　　　　e) 相交交点　　　　d) 两根线相交

图 9.1.10　在截面线上建立交点

a) 创建两个圆心的中心点　　　　b) 创建两个交点的中心点　　　　c) 创建更多的中心点

图 9.1.11　中心点的建立

（6）通过中心点创建对称平面

上一步骤中，根据对称点做出它们的中心点。做的对称特征点越多，则做出来的中心面越精确。

采用 工具，在弹出的对话框的平面类型中选择平均通过点，如图 9.1.12 所示。选择步骤（5）中的中心点，然后选择点建立平面，如图 9.1.13 所示。

图 9.1.12　平均通过点创建面

图 9.1.13　创建出面

第9章 综合训练：汽车制动器结构设计

（7）用上述对称面创建对称点云

选择点云数据，单击 工具，使用前一步骤建立的对称平面完成镜像；然后将原来的点云设置颜色。对称前后的点云如图9.1.14所示。

图 9.1.14　原始点云与对称后的点云

（8）对称面的调整

观察原始点云和对称后的点云，结果显示对称后的点云与原始点云不完全重合，需要调整对称平面，如图9.1.15所示。

选择点云靠近中心的点，创建两根相互垂直轴线（垂直方向和水平方向），并用 工具对称平面旋转，采用 工具上下旋转，如图9.1.15所示。通过旋转的方法，找出最佳的中心面。

a) 创建两根相互垂直轴线　　　b) 绕垂直轴线旋转对称面　　　c) 绕水平轴线旋转对称面

图 9.1.15　调整后的效果

（9）调整坐标系原点到对称面中心

进入装配模块（或通过"文件"下拉菜单创建一个Product文件），将上一步骤创建的点云文件导入Product，同时在Product文件中再建立一个Part2文件（通过"插入"下拉菜单单击"新建零件"），以Part2的xz平面作为基准，将Part1的对称面与Part2的xz平面进行"相合"装配。如图9.1.16所示，在"工具"下拉菜单单击"从产品生成CATPart..."，将Product文件生成一个Part文件，结束坐标调整。

图 9.1.16　生成Part文件及调整后坐标

9.1.3 建立制动钳体上弧面

首先观察点云并思考建模思路，确定先做钳体上面的大弧面。如图 9.1.17 所示，此大弧面分为三部分，因此分三段弧建模。

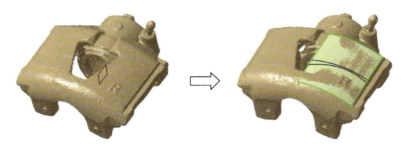

图 9.1.17 钳体上弧面分析

1. 命名

进入"曲面重构模块"下拉菜单单击"插入"，找到几何图形集，插入一个几何图形集，并且命名为"上弧面"。

2. 创建截面线

在靠近钳体中间的位置，采用扫截面的工具扫出截面线，如图 9.1.18 所示。

图 9.1.18 扫出截面线

3. 在截面线上通过坐标点创建圆弧

切换到创成式曲面模块。

1）建点。在上一个步骤中扫出的截面线上创建三个坐标点，因为要建立的面为弧面，所以建立三点创建圆弧。采用工具创建点，如图 9.1.19 所示。工具使用方法：单击工具，在弹出框里的点类型里面选择"坐标"，然后截面线上要创建点的位置单击创建出点。

2）建圆弧。用三点建圆的方法建立一个圆弧，采用工具。工具使用方法：单击工具，在弹出的文本框的圆类型里面选择三点，然后选择创建的三点创建圆弧（图 9.1.20）。

第 9 章
综合训练：汽车制动器结构设计

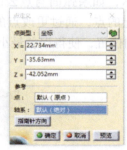

图 9.1.19　在截面线上创建点

图 9.1.20　三点创建圆弧

4. 用圆弧扫掠弧面

如图 9.1.21 所示，用上一步骤创建圆弧，采用扫掠工具做出弧面。通过调整角度来使得弧面尽可能地与点云贴合，使得误差变小。工具使用方法：单击工具，在弹出的文本框的轮廓类型选择第二个，然后在子类型中的选择"使用拔模方向"，先选择线，再选择方向，最后选择角度，并不断调整角度。

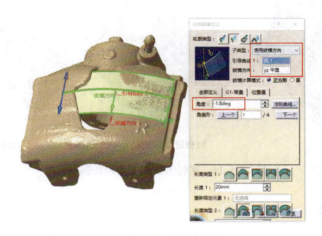

图 9.1.21　根据圆弧扫掠出面

157

如图 9.1.22 所示，如果弧面与点云的贴合度误差偏大，那么可以通过调整减少误差：首先双击这个弧线上的点，通过更改点的坐标来调整弧面，按照具体的情况调整 xyz 轴的数值，调整到最佳的位置，使得误差最小。

图 9.1.22　调整坐标点

5. 用中心面切弧面

通过调整点坐标，使得面与点云的误差变小，并且选择中心面用 工具进行修剪，如图 9.1.23 所示。工具使用方法：单击 工具，在弹出的文本框中先选择要切割的元素，然后选择切割元素。

6. 用同样方法建立另两段弧面

用 工具做出两个部分的截面线，在截面线上创建三个点线并创建圆弧，再调整坐标点，使得点云与弧面贴合，如图 9.1.24 所示。

图 9.1.23　调整后的结果

a) 扫截面线　　　　　　　b) 创建点和圆弧　　　　　　　c) 扫掠出面

图 9.1.24　同样方法建立另两段弧面

7. 接合两段圆弧

如图 9.1.25 所示，将建立好的三个面接合起来，完成上弧面的建立。工具使用方法：

第 9 章
综合训练：汽车制动器结构设计

单击 ![icon] 工具，然后选择要接合的三段弧面，单击确定即可。

图 9.1.25　三个面接合

9.1.4　建立上部梯形孔侧面

1. 命名、建截面线

插入一个几何图形集 ![icon] 并命名为"上梯形孔侧面"，选择水平方向参考，用 ![icon] 扫出截面线，如图 9.1.26 所示。

图 9.1.26　扫出截面线

2. 在截面线上创建点

如图 9.1.27 所示，采用 ![icon] 工具在扫出的截面线上取 6 个点。建立完点后，如图 9.1.28 所示，用画线 ![icon] 连接各点，然后如图 9.1.29 所示使用 ![icon] 工具，选择两根邻近的线段进行相互修剪。

3. 扫掠出中心孔侧面，再倒圆

选择修剪的线，用扫掠工具 ![icon] 建立面（图 9.1.30）。建完面后，根据点云用 ![icon] 工具进行倒圆（图 9.1.31）。

图 9.1.27　在截面线上创建点

159

CATIA 汽车结构设计教程

图 9.1.28　根据点创建线段

图 9.1.29　线段相互修剪

图 9.1.30　扫掠出面

图 9.1.31　倒圆

4. 镜像、修剪、倒圆

如图 9.1.32 所示，将建立好的面采用 工具对称；使用 工具相互修剪后，在对称中心的交线上用 工具倒圆。

9.1.5　建立制动钳体侧面及弧面

如图 9.1.33 所示，通过观察发现，钳体侧面与上弧面需要采用倒圆来创建弧面。

图 9.1.32　对称面

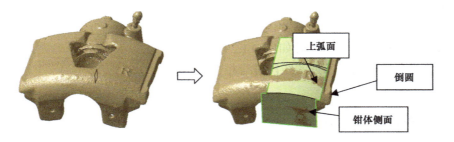

图 9.1.33　钳体侧面及弧面创建方法

1)进入曲面重构模块。插入一个几何图形集,并命名为"钳体侧面"。

2)拟合钳体侧面。钳体侧面是平面,可以直接采用 🖼 工具将前面的面拟合出来,如图9.1.34所示。

图9.1.34 拟合出面

3)插入一个几何图形集,命名为"外部面"。

4)延伸侧面。用延伸工具 🖼 延伸使得两个面相交,如图9.1.35所示。工具使用方法:单击 🖼 工具,先选择面的边界,然后选择面,再输入延伸的尺寸。

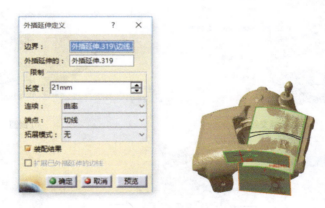

图9.1.35 延伸面

5)上弧面和侧面相互修剪。将延伸相交的两个面用修剪工具 🖼 进行修剪,如图9.1.36所示。工具使用方法:单击 🖼 工具,分别单击两个相交面,单击预览,可以看到剪去的面变虚,通过中间的另一侧的字样进行调整。

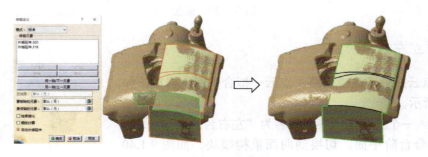

图9.1.36 相互修剪

6）中心孔侧面修剪。采用 工具修剪；修剪后用前面做出来的梯形面再次修剪，如图 9.1.37 所示。

图 9.1.37　用梯形面修剪

7）倒圆、对称、接合。如图 9.1.38 所示，采用 工具选择交线倒圆，然后再采用 工具选择模型的中心面完成对称，最后将两个对称后的面用 工具接合起来。

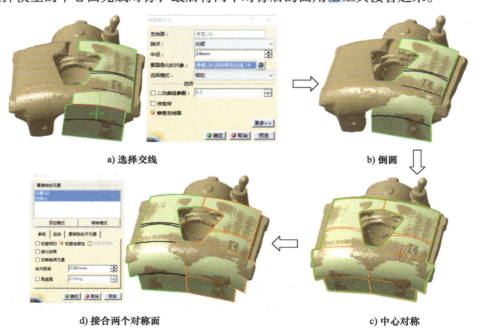

a）选择交线　　　　　　　　　　　　　　　　b）倒圆

d）接合两个对称面　　　　　　　　　　　　　c）中心对称

图 9.1.38　倒圆

9.1.6　建立左右台阶面

观察点云并思考建模思路：点云—拟合平面—修剪，如图 9.1.39 所示。

1）插入一个几何图形集，命名为"左右台阶面"。

2）拟合台阶平面。切换到曲面重构模块，如图 9.1.40 所示，左右台阶面是一个平面，用 工具拟合出平面。

图 9.1.39　要创建的面

第 9 章 综合训练：汽车制动器结构设计

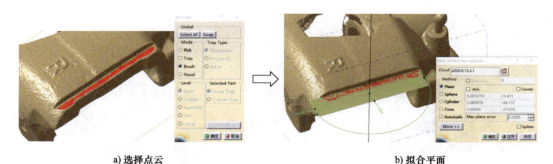

a) 选择点云　　　　　　　　　　　　　b) 拟合平面

图 9.1.40　选择点云区域并拟合平面

3）拟合其他平面，修剪后并对称。用同样的方法分别建立出其他几个平面，然后用修剪工具修剪，最后用中心面对称到另一侧，如图 9.1.41 所示。

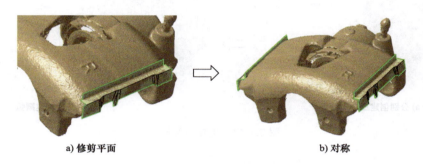

a) 修剪平面　　　　　　　　　　　　　b) 对称

图 9.1.41　将拟合出的面修剪和对称

9.1.7　建立前面洞孔面

观察点云并思考建模思路：截面线—画点—画线—形成轮廓—扫掠面，如图 9.1.42 所示。

图 9.1.42　要创建的面

1）做截面线。在下拉菜单中选择"插入"，选择插入"几何图形集"，并命名为"前弧孔面"；选用 ![icon] 工具扫出截面线，如图 9.1.43 所示。

2）在截面线上创建点和圆弧。如图 9.1.44 所示，在截面线上建立三个坐标点，根据这三个坐标点建立圆弧。

3）建立两侧的直线并接合圆弧。如图 9.1.45 所示，在截面线上竖直方向分别取两个点，根据两个点分别连接成两个线段；用工具 ![icon] 将两段线段和一个圆弧接合在一起。

163

图 9.1.43 扫出截面线

a) 分别创建三个坐标点　　　　　　　　　　b) 三点创建圆弧

图 9.1.44 创建点和圆弧

a) 分别创建两个坐标点　　　　　　　　　　b) 用两个点创建线段

图 9.1.45 创建直线并接合圆弧

4）扫掠轮廓并倒圆。如图 9.1.46 所示，用 工具选择接合好的轮廓作为引导曲线，将垂直方向的平面作为拔模方向，最后倒圆。倒圆大小取整，尽量与点云贴合。

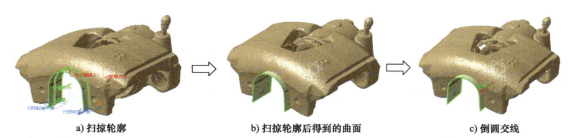

a) 扫掠轮廓　　　　　　b) 扫掠轮廓后得到的曲面　　　　　　c) 倒圆交线

图 9.1.46 扫掠出面并倒圆

5）修剪孔面。如图 9.1.47 所示，首先找到前面创建的外表面的几何图形集显示出来，用 工具将大面修剪这个圆弧面，再把其他面隐藏。

a）钳体上面与孔面修剪　　　　　　　　b）隐藏其他面

图 9.1.47　修剪后隐藏

9.1.8　建立左右角小面

观察点云并思考建模思路：坐标点—参考面—草图—面—修剪—对称，如图 9.1.48 所示。

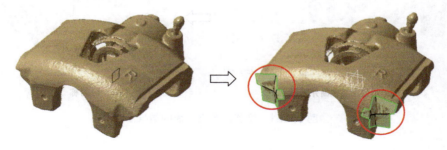

图 9.1.48　要创建的面

1）插入一个几何图形集，命名为"左右角小面"。

2）创建点，参考面。如图 9.1.49 所示，用 工具在图示位置创建多个点，用 工具"平均通过点"建立平面。

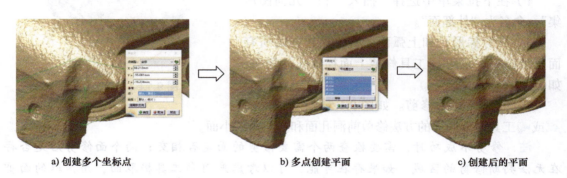

a）创建多个坐标点　　　　　b）多点创建平面　　　　　c）创建后的平面

图 9.1.49　创建参考平面

3）在参考面上创建面。隐藏创建的点，如图9.1.50所示。在上一步建立的平面上创建草图，选用填充工具 ▲ 填充出平面，同时隐藏草图和参考平面。

图9.1.50　创建面

4）创建其他面并修剪。应用上一步的方法创建出其他几个面，用 ⬚ 工具修剪，用 ⬚ 工具完成对称，如图9.1.51所示。

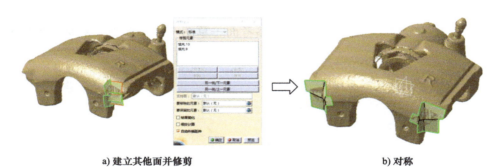

图9.1.51　修剪面填充出面的结果

9.1.9　修剪与接合制动前体外表面

观察点云并思考建模思路：坐标点—参考面—草图—填充面—修剪—对称，如图9.1.52所示。

1）在下拉菜单中选择"插入"和"几何图形集"，命名为"外部面"。

2）修剪梯形孔和上弧面。将前面建立的所有面显示出来，采用 ⬚ 工具修剪上面梯形孔的侧面，如图9.1.53所示。

图9.1.52　要创建的面

3）前弧形孔的修剪。如图9.1.54所示，采用 ⬚ 或 ⬚ 工具，以同样的方法修剪前洞孔面和左右角的小面。

注：修剪不成功时，需要检查两个需要修剪的面是否相交；两个面修剪后是否存在无法判断修剪的区域。如果存在可能，可以考虑采用 ⬚ 工具提取面，用提取的面重新修剪。

第 9 章
综合训练：汽车制动器结构设计

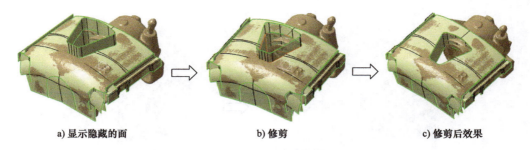

a) 显示隐藏的面　　　　　　　b) 修剪　　　　　　　c) 修剪后效果

图 9.1.53　修剪梯形孔侧面

a) 修剪　　　　　　　　　　　b) 修剪后的结果

图 9.1.54　修剪前洞孔面和左右角的小面

9.1.10　建立制动钳体内部侧面

观察点云并思考建模思路：坐标点—参考面—草图—填充面—修剪—对称，如图 9.1.55 所示。

1）在下拉菜单中选择"插入"和"几何图形集"，命名为"内部前面"。观察点云并思考建模思路。

2）创建坐标点，拟合平面。如图 9.1.56 所示，在点云上创建点，选取建立好的点创建平面，采用 ⬜ 工具在创建的面上建立草图；选用填充工具 ⬠ 填充出平面；填充完后发现，因为草图画得有点小，所以要将面延伸一下（或修改草图也可以）。

图 9.1.55　要创建的面

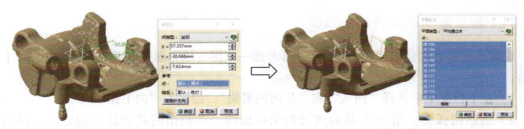

a) 观察点云特征　　　　　　　　　　　　b) 多个点创建小平面

图 9.1.56　修剪孔

167

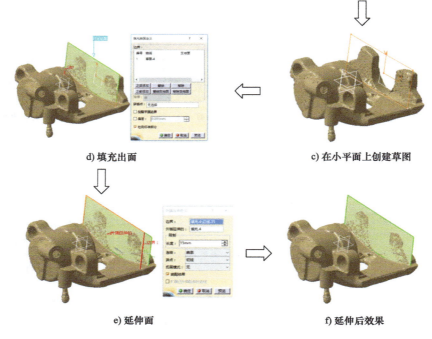

d) 填充出面　　　　　　　　　　c) 在小平面上创建草图

e) 延伸面　　　　　　　　　　　f) 延伸后效果

图 9.1.56　修剪孔（续）

3）前洞孔面修剪。如图 9.1.57 所示，对建好的面进行修剪。首先把前面建立好的前洞面显示出来，用前洞面修剪，最后采用 工具隐藏不需要的面。

a) 显示出前洞孔面　　　　　　b) 修剪　　　　　　　c) 修剪后

图 9.1.57　修剪面

9.1.11　建立制动钳体内部上弧面

观察点云并思考建模思路：坐标点—参考面—草图—填充面—修剪—对称，如图 9.1.58 所示。

1）在下拉菜单中选择"插入"和"几何图形集"，命名为"内上弧面"。

2）创建圆弧面。用 工具对点云扫出截面线，在扫出的截面线上创建点。因为要建立的面是圆弧面，所以用三点创建圆弧的方法建立弧线；创建好线后，采用 工具建立面（图 9.1.59）。

第 9 章 综合训练：汽车制动器结构设计

图 9.1.58 要创建的面

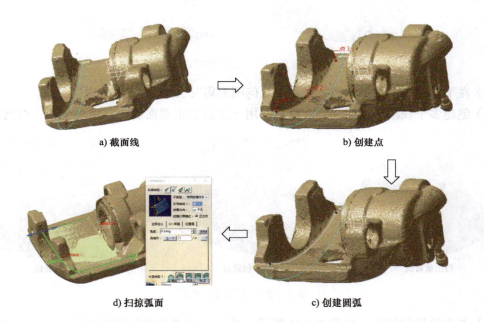

图 9.1.59 扫掠弧面

3）修剪弧面。如图 9.1.60 所示，将前面建好的上面的梯形面显示出来，选用 工具对刚建立的弧面进行修剪。隐藏不需要的面。

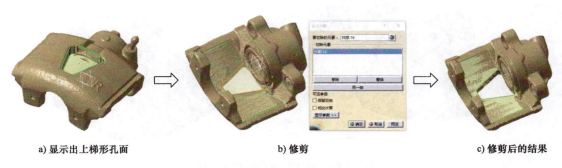

图 9.1.60 修剪弧面

9.1.12 建立制动钳体边界面

观察点云并思考建模思路：坐标点—参考面—草图—填充面—修剪—对称，如图 9.1.61 所示。

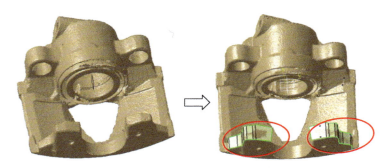

图 9.1.61　要创建的面

1）在下拉菜单中选择"插入"和"几何图形集"，命名为"边缘面"。

2）创建多个线段。如图 9.1.62 所示，用 工具扫出截面线，创建多个点，再创建线。

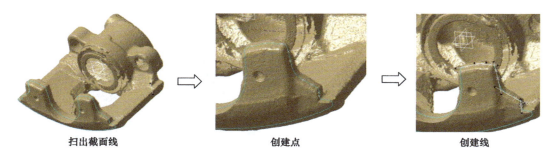

图 9.1.62　创建多个线段

3）创建线段扫掠面。如图 9.1.63 所示，将上一步骤创建好的线用 工具扫掠面。用这个建面的方法建立出其他的面。

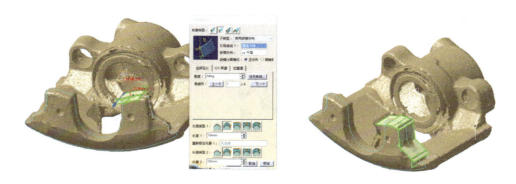

图 9.1.63　多个线段扫掠出多个面

第 9 章 综合训练：汽车制动器结构设计

4）面的调整。

① 面的角度测量。如图 9.1.64 所示，对临近面进行测量。一般情况下，两个面的角度应该是整数。如果通过测量发现不是整数，则需要对角度进行调整。

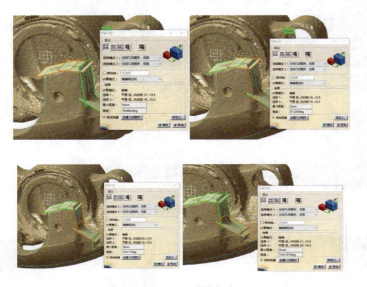

图 9.1.64　测量角度

② 面的角度调整。调整面角度需要对面进行旋转。在需要旋转的曲面上创建一根旋转轴线，但扫掠出来的曲面不能建立草图。因此，如图 9.1.65 所示，对前两个面进行调整；采用 ⟋ 工具在第一个面上建立一个参考平面，在参考平面上建立一个草图直线，用 工具将第一个面绕着这个直线旋转一定的角度。调整后进行测量，达到角度是整数的要求。

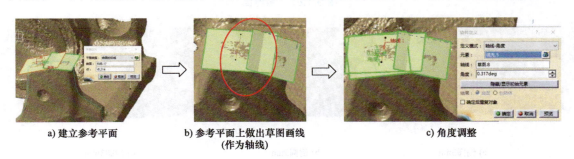

a) 建立参考平面　　　b) 参考平面上做出草图画线　　　c) 角度调整
　　　　　　　　　　　　（作为轴线）

图 9.1.65　面的角度调整

③ 其他面的角度调整测量。用上一步骤同样的方法，把其他几个面的角度也调整为整数，如图 9.1.66 所示。

5）面的修剪。如图 9.1.67 所示，采用 工具进行修剪。

6）倒圆处理。如图 9.1.68 所示，采用 工具对边缘面倒圆，倒圆取整数值，使其尽量贴近点云。采用 工具将倒圆后的面对称到另一侧。

7）对称后的面的调整。观察上一步骤对称后的面，发现对称过去之后，与点云的误差较大，因此要对这个面进行调整。

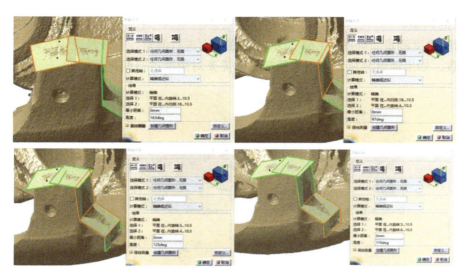

图 9.1.66 角度调整后的测量

图 9.1.67 修剪面

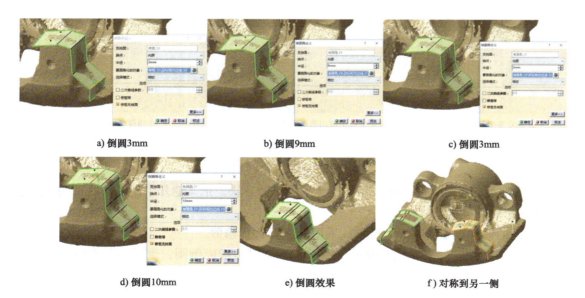

a) 倒圆3mm　　　　　　b) 倒圆9mm　　　　　　c) 倒圆3mm

d) 倒圆10mm　　　　　　e) 倒圆效果　　　　　　f) 对称到另一侧

图 9.1.68 倒圆处理

如图 9.1.69 所示，选用平移工具 ，将面进行上下平移及左右平移（取一个较小的值反复试），最后得到两个边缘面。

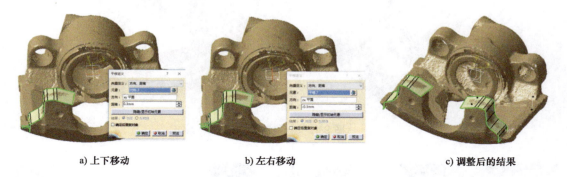

a) 上下移动　　　　　　　b) 左右移动　　　　　　　c) 调整后的结果

图 9.1.69　对称面的调整

8）边缘面的修剪。如图 9.1.70 所示，将建立好的前孔弧面和钳体上面显示出来，用 工具进行修剪。修剪后再对称到另一侧。

a) 显示出前孔弧面　　　　b) 相交面的修剪　　　　c) 显示钳体上面

f) 修剪左侧面　　　　　　e) 修剪右侧面　　　　　　d) 对称

图 9.1.70　修剪面

9.1.13　建立制动钳体内部左右面

观察点云并思考建模思路，三个面采用相同建模方法：坐标点—参考面—草图—填充面—修剪—对称，如图 9.1.71 所示。

1）插入一个几何图形集，命名为内左右边缘面。

2）创建填充面。按图 9.1.72 所示的点云部位创建点。用平均通过点的方法创建一个平面，用 工具在平面上建立草图，采用 工具填充面。

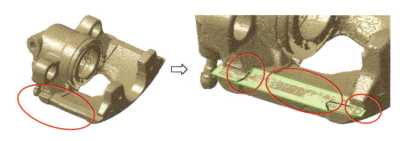

图 9.1.71　要创建的面

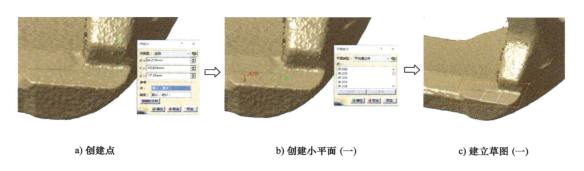

a) 创建点　　　　　　　b) 创建小平面（一）　　　　　　c) 建立草图（一）

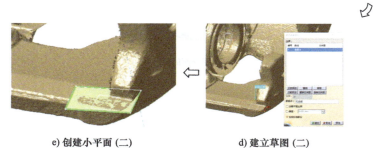

e) 创建小平面（二）　　　　　　d) 建立草图（二）

图 9.1.72　填充面

3）参照步骤 2）创建出图 9.1.73 所示的另外两个面。

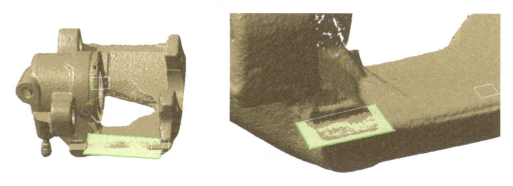

图 9.1.73　填充另外两个面

第9章 综合训练：汽车制动器结构设计

4）第一个竖直面的建立。如图9.1.74所示，采用 ![] 工具对要建立面的点云扫出截面线，在截面线上创建点，根据建立的点创建直线。采用 ![] 工具通过直线扫掠出面；用 ![] 工具相互修剪；最后，用 ![] 工具倒圆。

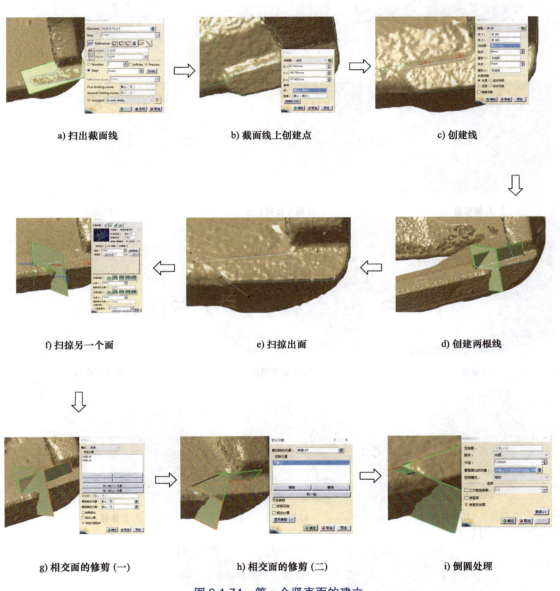

图9.1.74　第一个竖直面的建立

5）第二个竖直面的建立。与步骤4）操作方法相似，如图9.1.75所示，采用 ![] 工具对要建立面的点云做出截面线，根据建立的点创建直线，将建立好的线采用 ![] 工具扫掠出面；采用 ![] 工具对建好的两个面进行相互修剪；对修剪好的面采用 ![] 工具做倒圆，修剪对称再修剪。

175

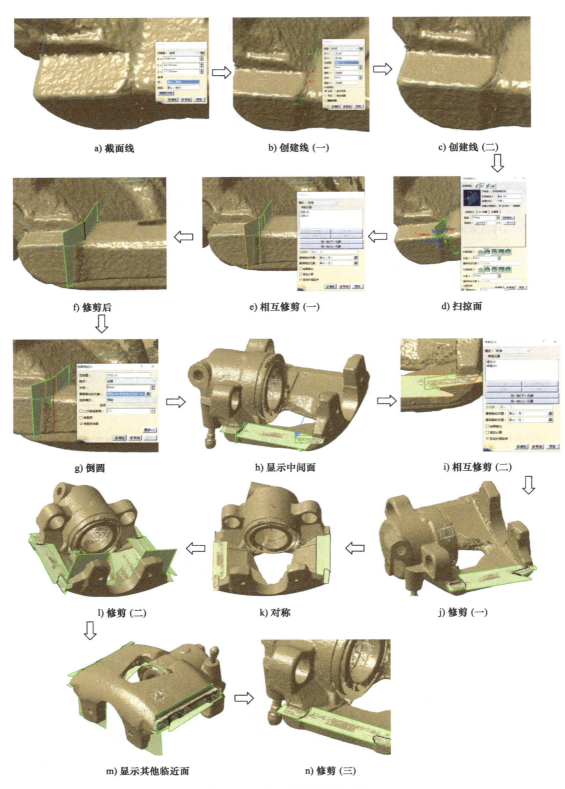

图 9.1.75　第二个竖直面的建立

9.1.14　联合修剪接合已经做好的面

将前期做好的面显示出来，进行修剪接合后的预期效果如图 9.1.76 所示，本节主要采用 修剪工具完成。

1）在下拉菜单中选择"插入"和"几何图形集"，命名为"前部分总面"。

2）修剪面。对已经做好的所有面，采用 工具进行修剪，用同样的方法将其他的面修剪接合，最后得到的效果如图 9.1.77 所示。

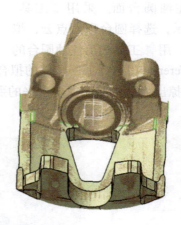

图 9.1.76　修剪后的预期效果

a) 显示要修剪的面　　　　　　　　　　　　b) 修剪1

c) 修剪2　　　　　d) 修剪3　　　　　e) 修剪后的效果

图 9.1.77　修剪

9.1.15 建立钳体后面注油圆台

观察点云并思考建模思路：拟合平面—截面线—三点—三点圆—扫掠—修剪，如图 9.1.78 所示。

1）在下拉菜单中选择"插入"，单击"几何图形集"，命名为"注油圆台"。

2）创建注油圆台面。采用 工具，如图 9.1.79 所示，选择圆台顶面点云，拟合出一个平面，用 工具扫出注油圆台的

图 9.1.78　要创建的面

截面线；在 reference 中选择上一步骤的拟合平面，采用三点创建圆弧的方法做出一个圆，采用 工具扫掠出面，将前面拟合出来的那个面显示出来，对圆弧面采用工具 做一个修剪。

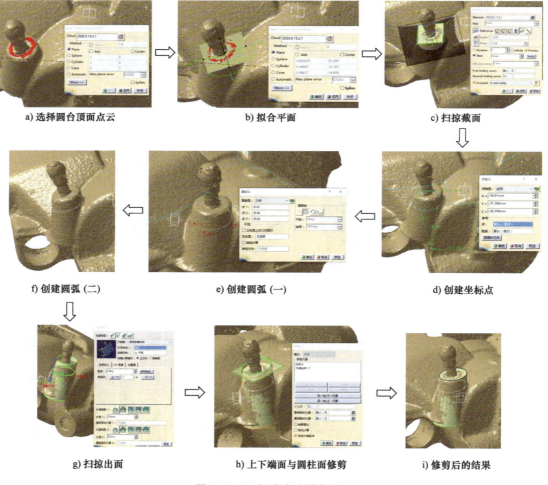

图 9.1.79　创建注油圆台面

9.1.16 建立活塞圆柱面

观察点云并思考建模思路，外圆柱面和内圆柱面建模思路相似：拟合平面—截面线—三点—三点圆—扫掠—修剪，如图 9.1.80 所示。

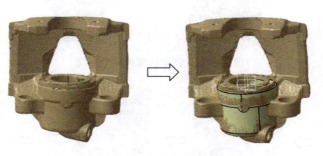

图 9.1.80 要创建的面

1）在下拉菜单中选择"插入"，单击"几何图形集"，并命名为"活塞圆柱面"。

2）创建活塞外部后圆柱面。如图 9.1.81 所示，采用 工具做出制动器钳体圆柱罐的截面线。在建好的截面线上创建三点，用三点创建一个圆，用 工具把刚才的圆扫掠出面。

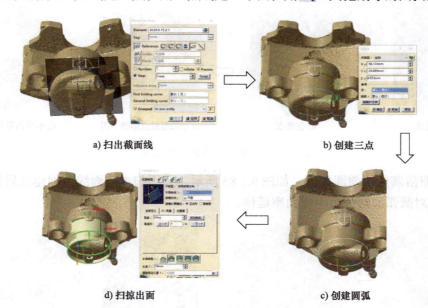

a) 扫出截面线　　　　b) 创建三点

d) 扫掠出面　　　　c) 创建圆弧

图 9.1.81 要创建的面

3）创建活塞端面并修剪。如图 9.1.82 所示，用 工具选择点云拟合面，用拟合出的这个面修剪上一步骤扫掠的面。

4）创建活塞前端面。如图 9.1.83 所示，采用 工具扫截面线，在截面线上建三点，用这三点建圆，然后用圆扫面。

5）创建活塞外部前圆柱面。如图 9.1.84 所示，取活塞前部台阶位置做截面线，采用 工具创建点，采用 工具选择平均通过点建立一个平面，利用这个平面修剪 外圆柱面。

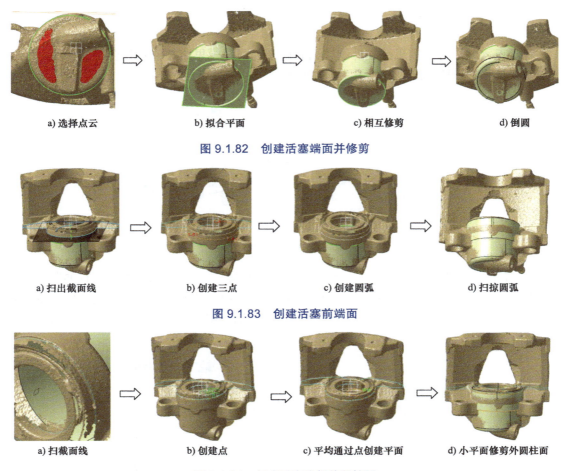

图 9.1.82 创建活塞端面并修剪

图 9.1.83 创建活塞前端面

图 9.1.84 创建活塞外部前圆柱面

6）修剪活塞外部前圆柱面。如图 9.1.85 所示，采用扫出截面线，创建点后创建圆弧，圆弧扫掠，对圆弧面两侧边用 曲率延伸。

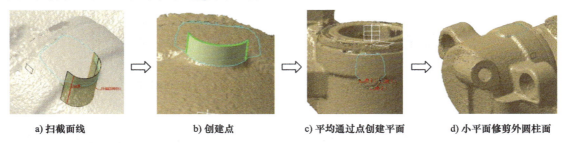

图 9.1.85 修剪活塞外部前圆柱面

7）修剪外圆柱面。如图 9.1.86 所示，采用 扫出截面线，创建点，采用平均通过点建立平面，在这个平面上建立草图画圆（圆半径超过活塞外圆柱面即可），用 工具把建立好的草图圆填充一个面。将前面步骤建立的几个面显示出来，采用分割 和修剪 完成活塞外圆柱面的修剪，并用 工具接合为一个整体。

第 9 章
综合训练：汽车制动器结构设计

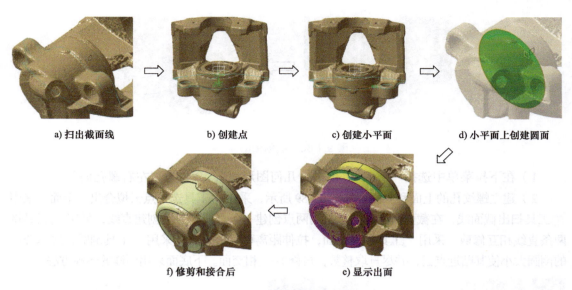

图 9.1.86 修剪外圆柱面

8）圆柱罐内部面的建立。如图 9.1.87 所示，选择前面图 9.1.84c 建立的平面，建立草图画圆，约束时与外圆柱面同心，用 ![]工具拉伸出圆柱面，用 ![]工具对底部的圆填充面，显示出外圆柱面，用桥接 ![]工具，将外圆和内圆边缘线进行桥接，再用 ![]工具将此步骤创建的面都接合起来。

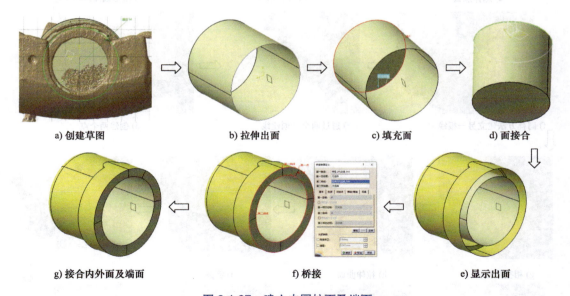

图 9.1.87 建立内圆柱面及端面

9.1.17 建立左右螺纹孔面

观察点云并思考建模思路，对于外圆柱面和内圆柱面建模思路相似：拟合平面—截面线—三点—三点圆—扫掠—修剪，如图 9.1.88 所示。

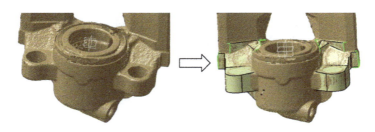

图 9.1.88 要创建的面

1)在下拉菜单中选择"插入",单击"几何图形集",命名为"左右螺孔面"。

2)建立螺纹孔的上面和侧面。如图 9.1.89 所示,采用 工具选择点云拟合出一个面,采用 工具扫出截面线,在截面线上建立点,用两点创建一条直线的方法创建直线,采用 工具将两条直线相互修剪,采用 工具拉伸曲面,拉伸距离可以大一点;采用 工具倒圆,选择合适的倒圆大小使其贴近点云,并尽量取整数,再修剪 相交面。下底面采用同样的建模方法。

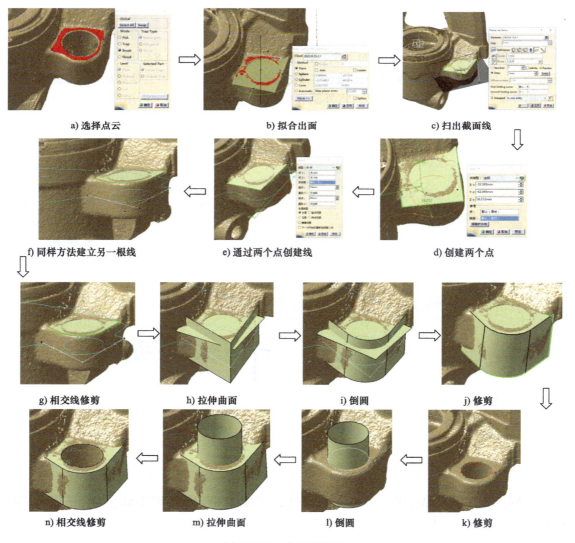

图 9.1.89 上面及侧面

第 9 章 综合训练：汽车制动器结构设计

3）相邻面的建立。用 工具（Trap-Polygonal 或 Brush）选择螺纹孔附近的点云，尽量取平整点云面，拟合出多个平面（Plane），采用 工具或 工具对多个平面进行分割或修剪；在分割或修剪时，如果出现两个面接触不到的情况，可采用曲率延伸工具 后进行分割或修剪；最后通过对称工具 完成另一侧面。对称后与点云匹配不合适时，采用平移工具 分别沿 xyz 方向进行平移调整，直至与点云基本贴合，如图 9.1.90 所示。

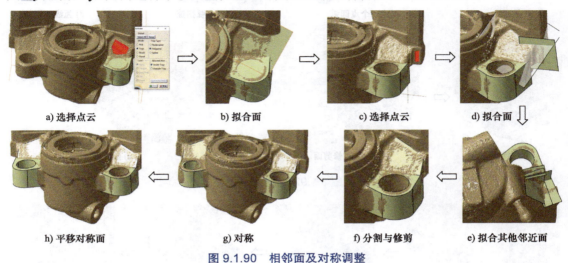

a) 选择点云　　　b) 拟合面　　　c) 选择点云　　　d) 拟合面

h) 平移对称面　　　g) 对称　　　f) 分割与修剪　　　e) 拟合其他邻近面

图 9.1.90　相邻面及对称调整

9.1.18　建立后部的圆弧大面与小面

观察点云并思考建模思路。对于圆弧大面建模思路：截面线—三点—三点弧—扫掠；对于圆弧小面建模思路：局部点云—拟合平面—曲率延伸—分割或修剪，如图 9.1.91 所示。

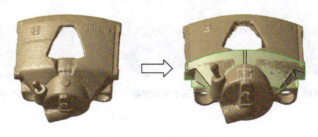

图 9.1.91　要创建的面

1）在下拉菜单中选择"插入"，单击"几何图形集"，命名为"后部圆弧面"。

2）建后圆弧大面。如图 9.1.92 所示，用 工具扫出后面圆弧的截面线，通过截面线取三个点去创建三点圆弧，再对此弧扫掠（调整拔模角度，以尽量贴近点云）；通过观察发现，左侧误差偏大，因此对左侧坐标点调整。方法：双击点，调整坐标数值，直至面贴近点云。采用 工具将左边曲率延伸，中心面分割后再对称。

3）建后圆弧小面。如图 9.1.93 所示，切换到快速曲面重构模块，选择要建立面的点云，拟合平面（如果平面贴合点云差，可以通过平移或旋转平面进行调整）。对三个平面进行修剪（出现面长度不足时，可采用 曲率延伸后修剪），修剪后中心对称到另一侧。

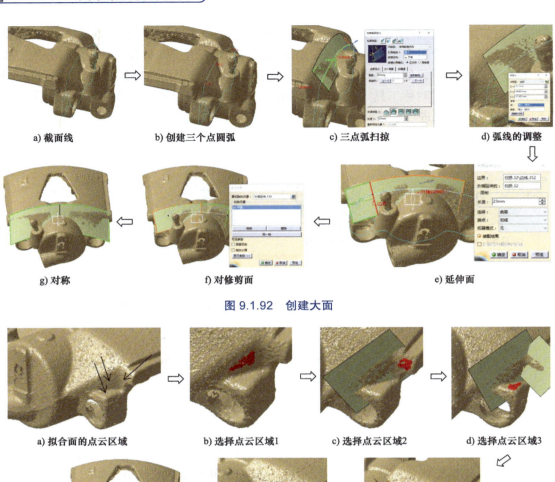

图 9.1.92 创建大面

图 9.1.93 创建小面

4）大面小面修剪。如图 9.1.94 所示，显示出大面和小面，然后修剪。

a) 显示出大面和小面   b) 修剪   c) 修剪后

图 9.1.94 大面小面修剪

9.1.19 建立后部小结构

观察点云并思考建模思路。建模思路：截面线—两点—两点连线—扫掠平面，同时较平整点云采用拟合平面，最后面与面修剪，如图 9.1.95 所示。

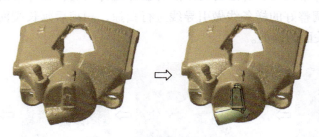

图 9.1.95 要创建的面

1）在下拉菜单中选择"插入"，单击"几何图形集"，命名为"后部小结构"。

2）建小平面。选择点云，拟合平面，如图 9.1.96 所示。

图 9.1.96 拟合平面

3）建小平面的侧面并修剪。在凸起结构中间位置创建截面线，在截面线上创建多个点，每两个点连线，修剪线段，然后拉伸出面，与上一步的面相互修剪，如图 9.1.97 所示。

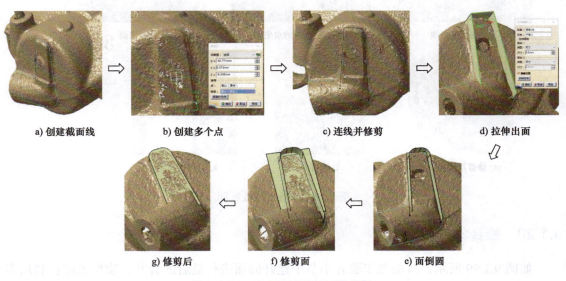

a) 创建截面线　　b) 创建多个点　　c) 连线并修剪　　d) 拉伸出面

g) 修剪后　　f) 修剪面　　e) 面倒圆

图 9.1.97 建小平面的侧面及修剪

4）圆柱孔面的建立。如图 9.1.98 所示，选择圆柱端面点云拟合平面，以此平面为参考面做截面线；在截面线上做三点圆，用 ■ 工具找出其圆心，用 ╱ 工具的"点‐方向"建立垂直圆的一条直线；在这直线上创建两个点，加上圆心一共有三个点，用这个三个点建一条样条线。建立好样条线后，将后面两个点的坐标进行调整，让样条线的形状成为点云圆柱形的中心线。用调整好的样条线做引导线进行扫掠，扫掠后延长端面，以便修剪。最后显示邻近面进行相关面的修剪。

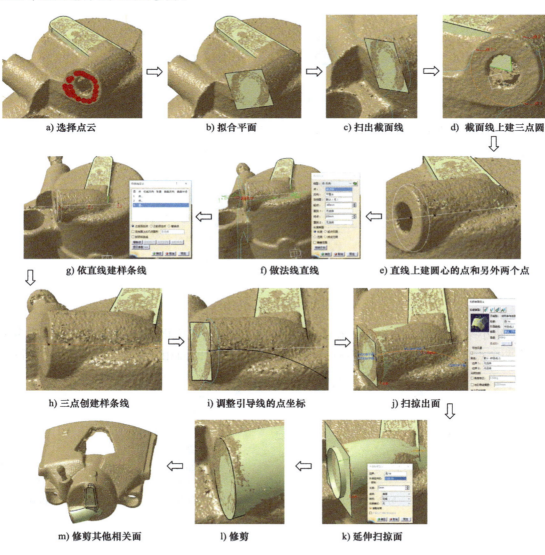

图 9.1.98　建立圆柱孔面

9.1.20　接合本节创建的面

如图 9.1.99 所示，对前面步骤各小节中建好的面进行最后的合并。建模思路：利用多重提取、分割、修剪、接合等命令完成。

第 9 章 综合训练：汽车制动器结构设计

图 9.1.99 要创建的面

1）在下拉菜单中选择"插入"，单击"几何图形集"，命名为"整体面"。

2）后半部面的接合。图 9.1.100 所示为 9.1.5 小节步骤 3）创建的"外部面"和 9.1.18 小节创建的"后部圆弧面"，用 工具分别提取面（点连续）；对提取出来的两个面再进行分割 或修剪 。同理完成其他部分面的修剪与合并。修剪时，如果有间隙，则需要延伸 后再修剪。

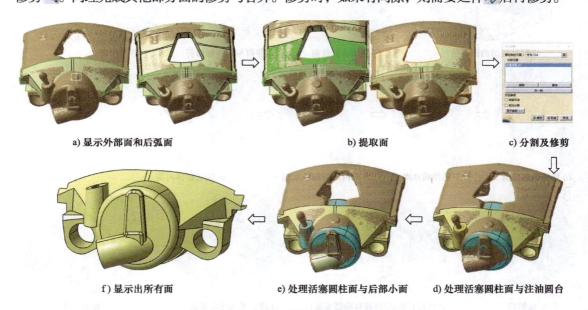

图 9.1.100 后半部分面接合

3）前部分和后部分接合。如图 9.1.101 所示，在 9.1.14 小节创建的"前部分总面"中提取 其表面（点连续），采用 工具将两个整体接合起来。

注：此处的接合比较繁琐，经常会出现无法接合的情况。接合前两个整体曲面要封闭连续，因此要先对部分位置延伸或提取，再进行分割、修剪、接合等操作。

如图 9.1.102 所示，以活塞内圆柱面与钳体内面的接合为例阐述接合过程。原结构修剪时长度不足，因此首先延伸端面长度。

9.1.21 整体倒圆处理

如图 9.1.103 所示，将合并好的模型进行最后的倒圆。倒圆思路：主要利用多重提取、分割、修剪、接合等命令完成。

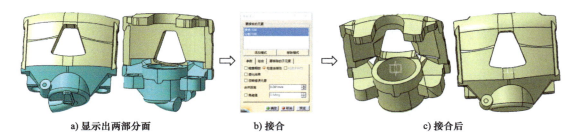

图 9.1.101　接合结果

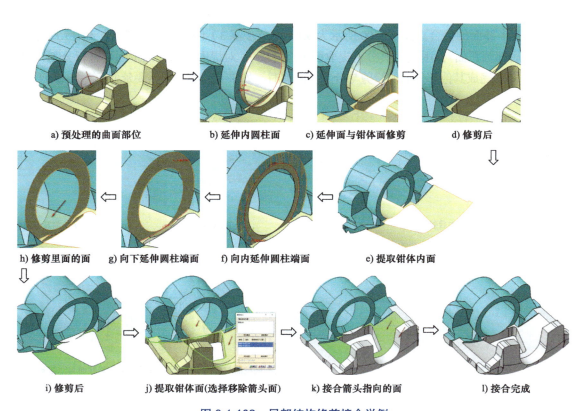

图 9.1.102　局部结构修剪接合举例

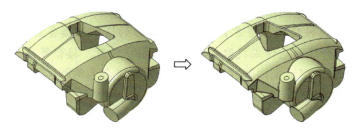

图 9.1.103　要创建的面

1）在下拉菜单中选择"插入",单击"几何图形集",命名为"倒圆"。

2）倒圆。如图 9.1.104 所示，倒圆主要采用 工具，倒圆大小取整数，且使得倒圆尽量贴近点云。

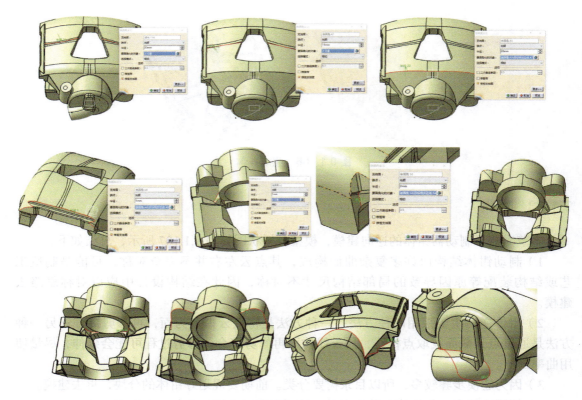

图 9.1.104　倒圆

9.1.22　生成实体

如图 9.1.105 所示，将合并好的模型进行最后的倒圆。倒圆思路：主要利用多重提取、分割、修剪、接合等命令完成。

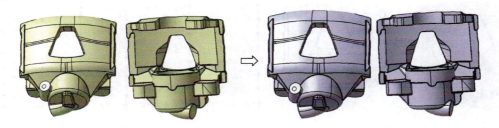

图 9.1.105　曲面生成实体

1）在下拉菜单中选择"插入"，单击"几何体"。

2)生成实体。如图9.1.106所示,采用 🔧 工具生成实体。工具使用方法:单击 🔧 工具,先选择面的壳体,然后单击确定,则生成实体。

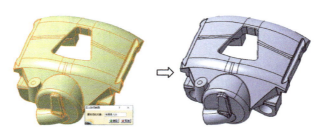

图 9.1.106　生成实体

9.1.23　小结

本节完成了制动器钳体的逆向建模,模型及树状图如图9.1.107所示,总结如下:

1)制动钳体结构由许多复杂曲面构成,其点云左右并不完全对称,可能是制造工艺或结构装配等原因导致的局部结构尺寸不对称,因此在结构设计中应以对称思路去建模。

2)钳体逆向主要采用两种方法:一种方法是将点云拟合为面,再修剪接合;另一种方法是通过点云截面线取点构线,通过线构面再修剪接合。修剪过程可能会延伸,尽量使用曲率延伸。

3)因为建模步骤较多,所以目录树要分类。前期要规划好钳体的分块,再去建模。

4)倒圆比较多,尽量使其贴近点云,倒圆次序对倒圆成功与否有重要影响。

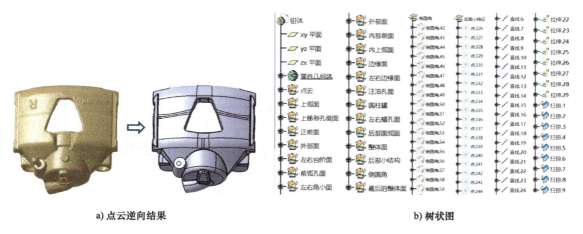

a) 点云逆向结果　　　　　　　　　　　　　　b) 树状图

图 9.1.107　制动器钳体建模结果

9.2 制动器支架的逆向设计

9.2.1 制动器支架设计思路

1. 制动器支架零件特点

制动器支架实物如图 9.2.1 所示，通过对实物观察与分析得知，其结构特点主要有以下几方面：

1）制动器支架为铸造结构，结构设计中要充分考虑其工艺性，如拔模角、分型线等重要工艺参数。
2）制动器支架近似为对称结构，首先要确定整体点云对称中心。
3）支架结构主要由小平面、小弧面、台阶、孔、倒圆等特征组成。
4）支架结构首先建立大面，再建小面，最后将大面小面进行拼接，封闭曲面生成实体。

注：本章需要经常切换使用曲面重构模块和创成式曲面模块。

图 9.2.1 制动器支架实物

2. 建立模型思路

依据上述零件分析特点，钳体结构建模思路如图 9.2.2 所示。

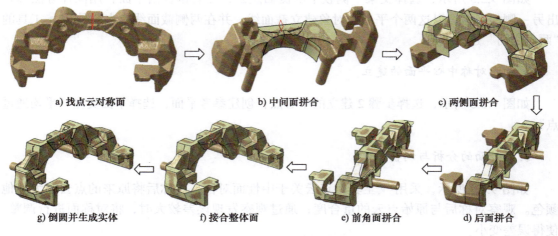

a) 找点云对称面　　b) 中间面拼合　　c) 两侧面拼合

g) 倒圆并生成实体　　f) 接合整体面　　e) 前角面拼合　　d) 后面拼合

图 9.2.2 制动器支架建模思路

9.2.2 确定与调整对称中心面

本小节主要做的是点云导入并创建点云的对称面。首先观察点云，由于结构接近对称，所以首先要找到结构对称中心面。通过点云上的对称结构，比如孔、平面等去找中心点，通过这些中心点构造参考中心面，然后利用这个中心面镜像点云；考察镜像后的点云贴合度，如果贴合度不够好，那么采用平移或旋转等工具调整参考中心面位置，使得镜像之后点云与原始点云具有较好的贴合度。

1. 导入点云

如图 9.2.3 所示，将扫描完的点云导入 CATIA 中，并在下拉菜单中选择"插入"一个几何图形集，命名为"中心面"。

图 9.2.3 导入点云

2. 对称圆柱特征中心点的建立

导入点云后观察点云，找点云上一些对称的特征。如图 9.2.4 所示，采用 工具拟合出一个参考平面，在此基础上做截面线。以这个拟合面为基准，扫出有对称特征的截面线。采用 工具扫出截面线。扫出的截面线越多，建立出来的中性面就越准确。当然也要考虑工作效率，也不宜过多。采用 工具，在扫出的截面线上创建点，通过创建的点建立三点圆或线段。

3. 对称平面特征中心点的建立

如图 9.2.5 所示，选择支架一侧较平的侧面点云，然后拟合出平面；用同样方法拟合出另一侧的平面。以这两个平面为对象建立截面线，并在两侧截面线取点；使用 工具的"两点之间"建立中点。

4. 初步对称中心平面的建立

如图 9.2.6 所示，选择步骤 2 建立的中心点，创建参考平面，选择平面类型"平均通过点"。

5. 中性面的分析与调整

如图 9.2.7 所示，采用 工具将点云关于中性面对称，对称后将原来的点云改为其他颜色。观察对称后与原始点云的重合度；通过观察发现误差较大时，将对称面进行调整，使得误差变小。

第 9 章
综合训练：汽车制动器结构设计

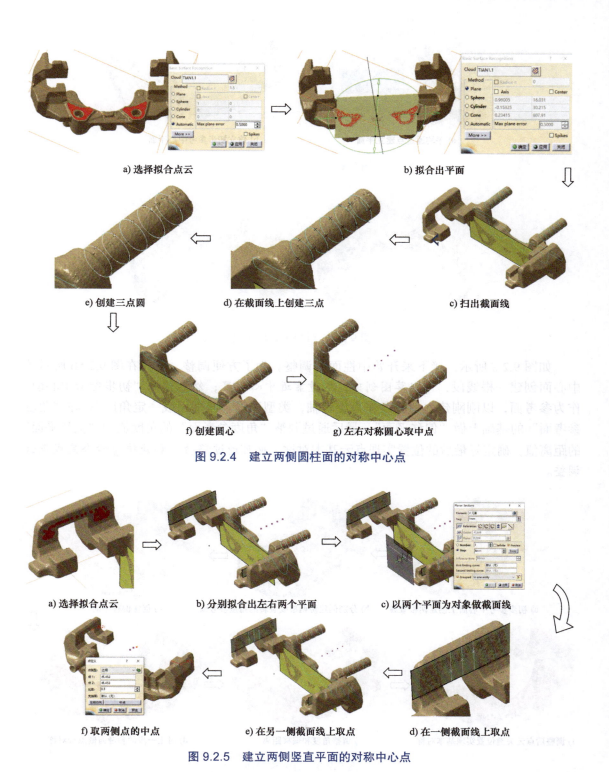

图 9.2.4　建立两侧圆柱面的对称中心点

图 9.2.5　建立两侧竖直平面的对称中心点

193

a) 平均通过点建立平面　　　　　　　b) 建立初步参考中心平面

图 9.2.6　初步建立对称面

图 9.2.7　对称后点云比较

如图 9.2.8 所示，接下来开始中性面的调整。为了方便调整，首先在图 9.2.6b 所示的中心面创建一根线段，可以草图创建，尽量靠近中心位置；然后选择"初步参考中心面"作为参考面，以刚刚建立的线段作为旋转轴，类型选择"与平面成一定角度"；在"角度参考面"的基础上做"偏移平面"；最后通过调整"角度参考面"的角度值和"偏移平面"的距离值，确定好最后的位置实现点云基本对称。也可通过移动 和旋转 命令完成点云调整。

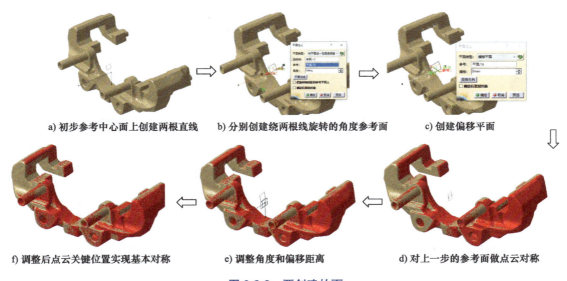

a) 初步参考中心面上创建两根直线　　b) 分别创建绕两根线旋转的角度参考面　　c) 创建偏移平面

f) 调整后点云关键位置实现基本对称　　e) 调整角度和偏移距离　　d) 对上一步的参考面做点云对称

图 9.2.8　要创建的面

第 9 章 综合训练：汽车制动器结构设计

6. 调整坐标系中心到对称中心

如图 9.2.9 所示，新建立一个 Product 文件，进入装配模块，用装配的方法调整坐标。首先，在装配模块将刚才的点云导入进去，通过装配约束使得"点云对称中心面"与"zx 平面"相合，然后找到从产品生产 CATpart，单击后生成一个 part 文件。此时，点云的坐标系的"zx 平面"处于对称中心面。

a) 创建文件　　　　　　b) 约束坐标平面　　　　　　c) 生成一个新的part文件

图 9.2.9　要创建的面

9.2.3　建立制动器支架中间内前面

观察点云并思考建模思路，建模思路与前面章节相似：拟合平面—截面线—创建三点圆（或创建两点线段）—扫掠—修剪，如图 9.2.10 所示。

图 9.2.10　要创建的面

1）在下拉菜单中选择"插入"，单击"几何图形集"，命名为"中间内前面"。

2）建立内侧平面。如图 9.2.11 所示，选择前面的面进入草图，采用 工具建立一个草图，采用 工具对建立好的草图填充出一个面，采用 工具对称中心面修剪这个面。

a) 创建草图　　　　　　b) 填充出面　　　　　　c) 修剪后的结果

图 9.2.11　创建的内侧平面

3）内侧平面的修剪。如图 9.2.12 所示，采用 工具扫出图 9.2.12a 所示的截面线，在扫出的截面线上采用 · 工具创建点，采用 ○ 工具创建三点圆弧，采用 ／ 工具创建两点线段，将创建的圆弧和线条用 工具接合起来，采用 工具扫掠出面，把前面分割后的那个大面显示出来去修剪扫掠面。

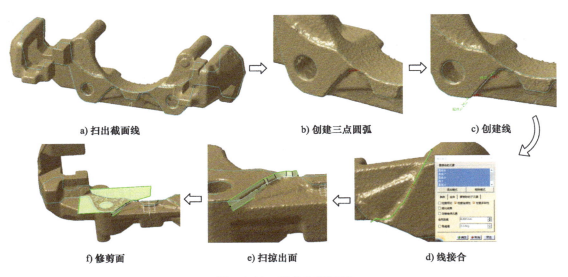

图 9.2.12　修剪内侧平面

4）小面的建立。如图 9.2.13 所示，采用 工具拟合出图 9.2.13a 所示的小面；拟合出来的面没有和小的侧面相交，因此采用 工具延伸使其相交，再进行修剪。用 工具扫出截面线，如图 9.2.13e 所示。创建点，用两点建线的方法创建一条直线（图 9.2.13f），将做出来的直线，采用 工具的"直线类型"扫掠出面（取 45°），然后对刚扫掠出的面进行修剪，再采用 工具将两个面接合起来。

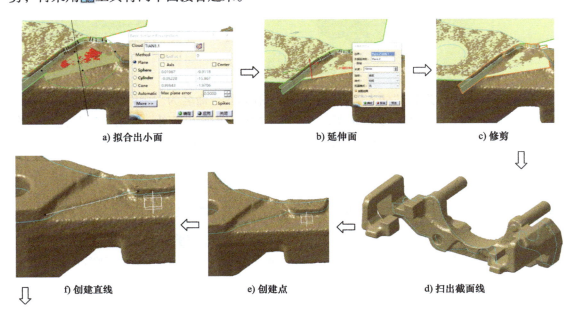

图 9.2.13　创建小面

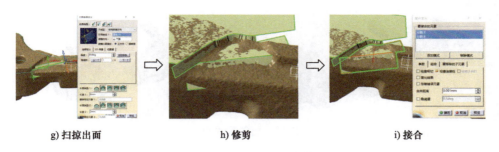

图 9.2.13 创建小面（续）

5）内侧中间面的建立。要建立面的点云部位如图 9.2.14a 所示；将图 9.2.12b 创建的截面线显示出来，在截面线上创建点，再创建线，将两条直线进行扫掠（直线类型，角度调整贴近点云）；将扫掠出的两个面进行相互修剪，将最前面建立的那个面显示出来，用大面修剪小面。

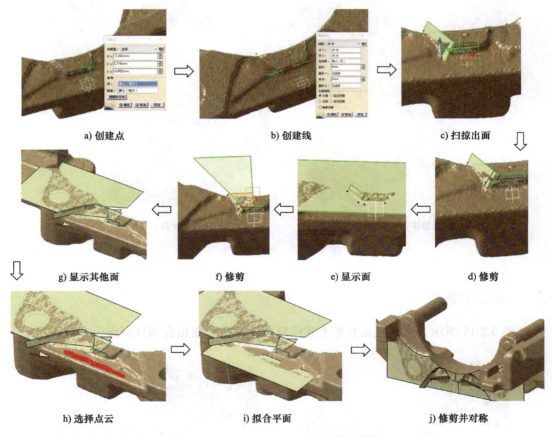

图 9.2.14 创建中间内侧面

9.2.4 建立内部弧面

观察点云并思考建模思路，建模思路拟合圆柱面点云方法，如图 9.2.15 所示。

图 9.2.15　要创建的面

1）在下拉菜单中选择"插入"，单击"几何图形集"，命名为"内部弧面"。

2）创建圆弧面。如图 9.2.16 所示，选择内弧面点云，选择"圆柱面"方法拟合出圆柱面。

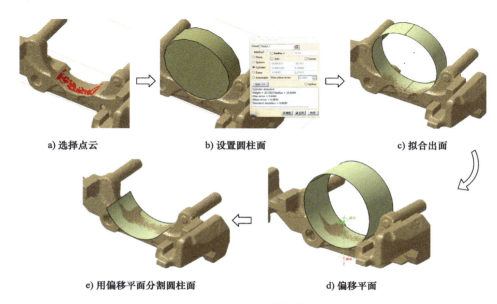

a）选择点云　　　　　　b）设置圆柱面　　　　　　c）拟合出面

e）用偏移平面分割圆柱面　　　　　　d）偏移平面

图 9.2.16　拟合圆柱面

9.2.5　建立右侧逗号面

如图 9.2.17 所示，观察点云并思考建模思路，建模思路拟合圆柱面点云方法。

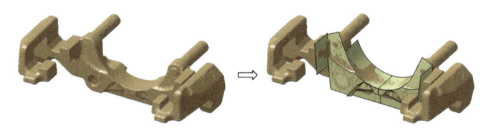

图 9.2.17　要创建的面

1）在"插入"中单击"几何图形集"，命名为"逗号面"。

2）创建逗号面。如图 9.2.18a 所示，选择点云拟合平面；再如图 9.2.18c 所示，建立截面线画出样条曲线，对样条曲线进行拉伸。由于曲面尺寸小，所以需要再进行曲率延伸（选择"点连续"），如图 9.2.18g 所示，选择点云拟合平面，再对其他附近相关曲面进行分割或修剪。不能修剪时，需要对曲面进行曲率延伸或提取曲面。最后用 zx 平面修剪整体曲面并对称。

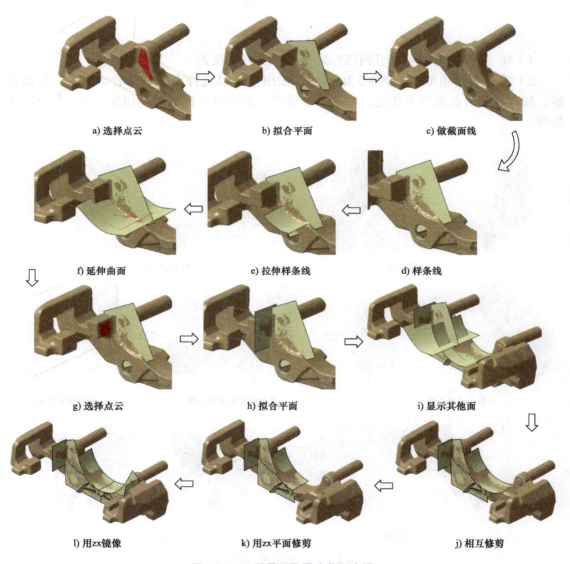

图 9.2.18　逗号面及周边曲面建模

9.2.6　建立内前面

如图 9.2.19 所示，观察点云并思考建模思路。此部分基本为平面结构，建模思路采用点云拟合平面方法，再修剪对称完成。

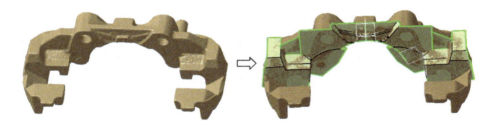

图 9.2.19 要创建的面

1)在"插入"中选择"几何图形集",命名为"内前面"。

2)建立右拐角面。如图 9.2.20 所示,采用 工具选择点云并拟合出平面。仔细观察,如存在部分曲面没有相交,则需要采用 工具将这个面延伸至相交,再进行分割或修剪。

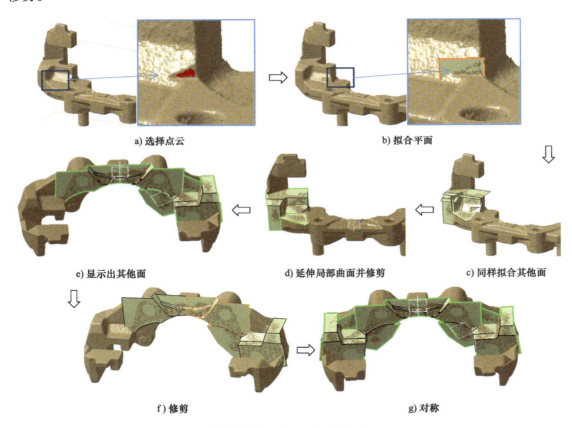

图 9.2.20 内侧面创建过程

9.2.7 建立筋面及接合周边面

如图 9.2.21 所示,观察点云并思考建模思路。此部分基本为平面结构,建模思路采用点云拟合平面方法,再修剪对称完成。

图 9.2.21 要创建的面

1）在"插入"中选择"几何图形集"，命名为"筋面"。

2）创建筋面。如图 9.2.22 所示，采用 工具选择点云并拟合平面，再进行相互修剪，镜像，对镜像后的面进行调整，使得贴近点云。显示附近其他面，使其相合（若相合存在困难，则尝试曲率延伸、提取面后再延伸修剪等方法）。

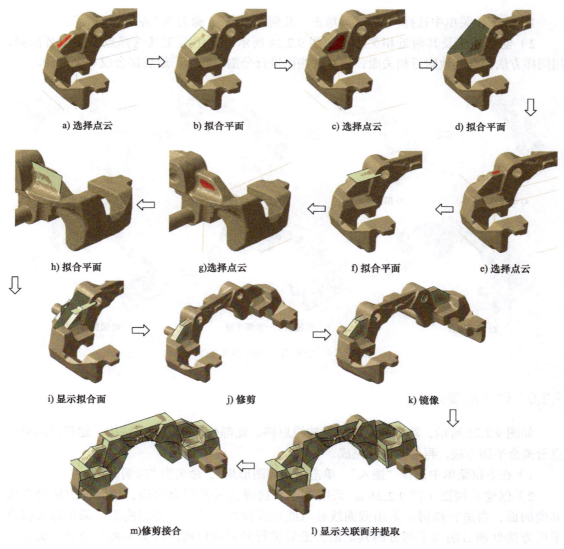

图 9.2.22 创建筋面

9.2.8 建立左右两侧端面

如图 9.2.23 所示，观察点云并思考建模思路。此部分基本为平面结构，建模思路采用点云拟合平面方法，再修剪对称完成。

图 9.2.23　要创建的面

1）在下拉菜单中选择"插入"，单击"几何图形集"，命名为"左右侧端面"。

2）创建端面及其附近相关面。如图 9.2.24 所示，采用 工具选择点云并拟合出面，用同样方法拟合其他附近相关面，再对这些面进行分割或修剪，最后接合成一个整面。

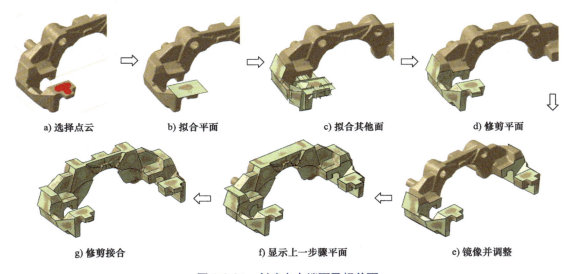

图 9.2.24　创建左右端面及相关面

9.2.9 建立后端面

如图 9.2.25 所示，观察点云并思考建模思路。此部分基本为平面结构，建模思路采用点云拟合平面方法，再修剪对称完成。

1）在下拉菜单中选择"插入"，单击"几何图形集"，命名为"后端面"。

2）创建后端面（图 9.2.26）。采用 工具选择点云并拟合出面，用同样方法拟合出其他的面，再进行修剪。采用截面线截取线段或曲线，然后扫掠出曲面。采用点云拟合平面方法处理后端面下部分的其他面，最后进行分割或修剪。修剪不能成功时，需要延伸或提取后再修剪。

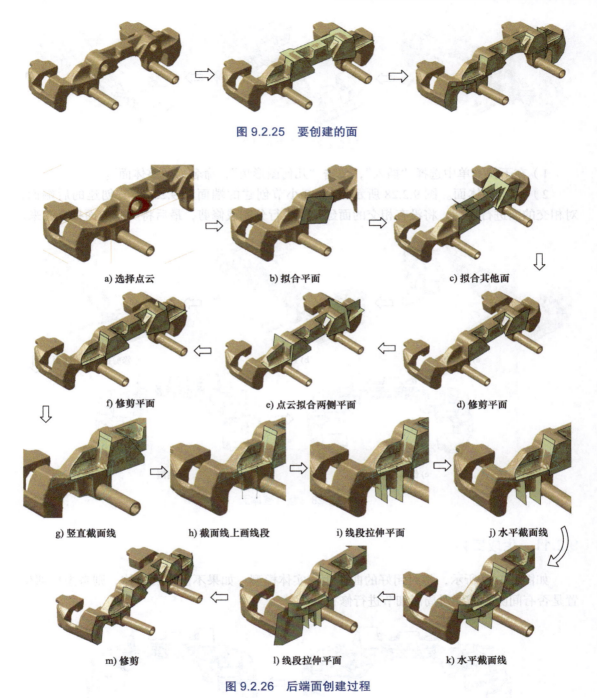

图 9.2.26 后端面创建过程

9.2.10 接合完成整体面

如图 9.2.27 所示，观察点云并思考建模思路。此部分基本为平面结构，建模思路采用点云拟合平面方法，再修剪对称完成。

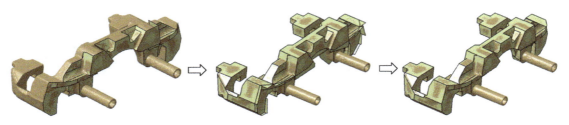

图 9.2.27 要创建的面

1）在下拉菜单中选择"插入",单击"几何图形集",命名为"整体面"。

2）创建整体面。图 9.2.28 所示为 9.2.8 小节创建的端面和 9.2.9 小节创建的后端面,对相交的面进行修剪,将没有相交的面延伸后进行分割或修剪,最后将所有的面接合起来。

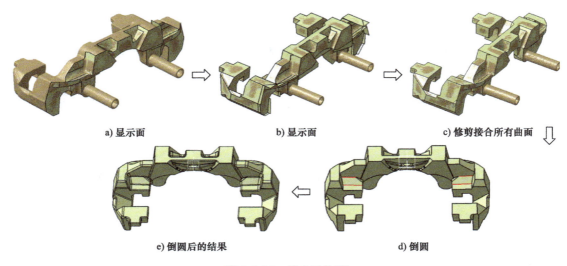

a) 显示面　　　　　　　b) 显示面　　　　　　　c) 修剪接合所有曲面

e) 倒圆后的结果　　　　　　　d) 倒圆

图 9.2.28 整合整体面

9.2.11 生成实体

如图 9.2.29 所示,将封闭好的曲面生成实体模型。如果不能生成实体,则考虑局部位置是否有间隙,需要对局部细节进行修补。

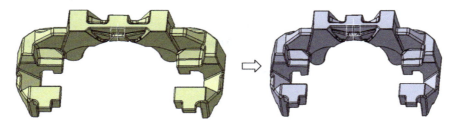

图 9.2.29 要创建的体

1）在下拉菜单中选择"插入",单击"几何体",命名为"制动支架实体"。

第 9 章 综合训练：汽车制动器结构设计

2）创建实体。如图 9.2.30 所示，进入"零件设计"模块，选择 9.2.10 小节创建好的曲面，用工具 生成一个实体，隐藏曲面。

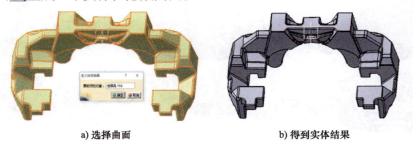

a) 选择曲面　　　　　　　　　　　b) 得到实体结果

图 9.2.30　要创建的体

9.3　制动器摩擦片的逆向设计

9.3.1　制动器支架设计思路

1. 制动器摩擦片零件特点

制动器摩擦片实物如图 9.3.1 所示。通过对实物观察与分析，其结构特点主要有以下几方面：

1）制动器摩擦片成形主要采用热压技术。
2）制动摩擦片结构主要由平面等特征组成。
3）支架结构通过创建截面线、点云拟合再进行拼接，封闭曲面生成实体。

注：本章需要经常切换使用曲面重构模块和创成式曲面模块。

图 9.3.1　制动器摩擦片实物图

2. 建立模型思路

依据上述零件分析特点，摩擦片结构建模思路，如图 9.3.2 所示。

9.3.2　建立周围面

1）在下拉菜单中选择"插入"，单击"几何图形集"，命名为"周围面"。
2）周围面创建过程。如图 9.3.3 所示，点云平面上创建许多点，采用 工具创建参考面；用同样的方法创建其他两个面（图 9.3.3b），用 工具扫出截面线，在截面线上创建点，创建三点圆弧和两点线段，再 扫描曲面，将扫掠出的面延伸并与邻面修剪。

205

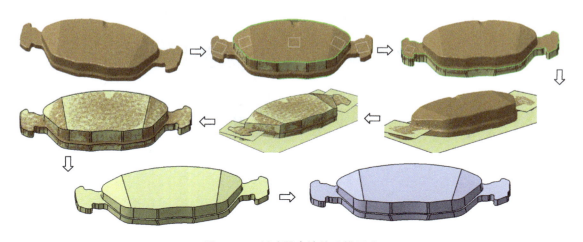

图 9.3.2 制动器摩擦片建模思路

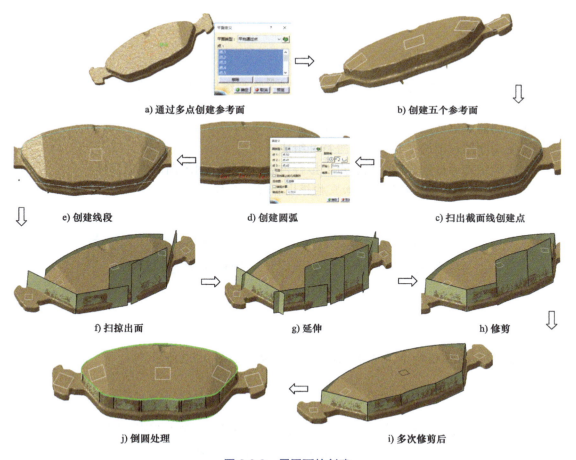

a) 通过多点创建参考面　　b) 创建五个参考面　　c) 扫出截面线创建点
d) 创建圆弧　　e) 创建线段　　f) 扫掠出面　　g) 延伸　　h) 修剪
i) 多次修剪后　　j) 倒圆处理

图 9.3.3 周围面的创建

9.3.3 建立上部面

1)在下拉菜单中选择"插入",单击"几何图形集",命名为"上部面"。

2)创建上部面。采用 🔷 工具进行填充出面,以同样的方法创建出另外两个面,再进行三个面修剪。显示 9.3.2 小节最后创建的曲面,复制过来再进行修剪接合,如图 9.3.4 所示。

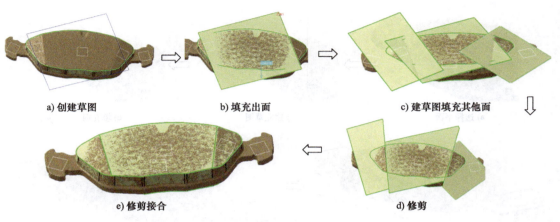

图 9.3.4　上部面的创建

9.3.4 建立底部侧面

1)在下拉菜单中选择"插入",单击"几何图形集",命名为"底部侧面"。

2)底部侧面创建过程。如图 9.3.5 所示,在底部创建截面线,在截面线上创建点,再创建线段及圆弧。采用 🔷 工具扫掠出面,最后进行修剪,倒圆。

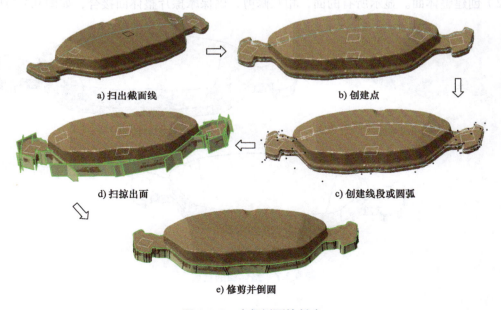

图 9.3.5　底部侧面的创建

9.3.5 建立底部面

1）在下拉菜单中选择"插入"，单击"几何图形集"，命名为"底部面"。

2）底部面创建过程。如图9.3.6所示，采用 🔺 工具填充出面，用同样的方法填充出左侧和下面的面。

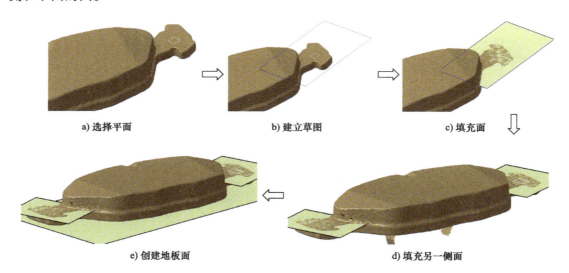

图 9.3.6　底部面的创建

9.3.6　修剪合并摩擦片整体面

1）在下拉菜单中选择"插入"，单击"几何图形集"，命名为"整体面"。

2）创建整体面。显示所有的面，相互修剪，确保摩擦片整体面接合，如图9.3.7所示。

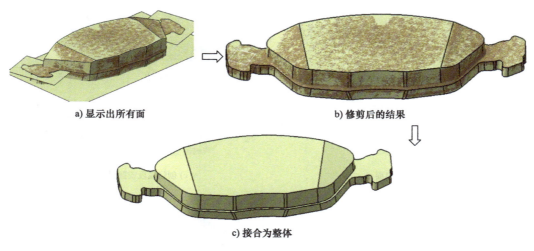

图 9.3.7　整体面的创建

9.3.7 完成摩擦片的设计

1）在下拉菜单中选择"插入"，单击"几何图形集"，命名为"摩擦片实体"。

2）创建实体结构。如图 9.3.8 所示，进入"零件设计"模块，选择 9.3.6 小节创建好的曲面，用工具 生成一个实体，隐藏曲面。

图 9.3.8　生成实体

9.4　制动盘的设计

1. 制动盘零件特点

制动盘实物如图 9.4.1 所示。通过对实物观察与分析得知其结构特点主要有以下几方面：

1）制动盘摩擦片成型主要采用热压技术。
2）制动摩擦片结构主要由平面等特征组成。
3）支架结构通过创建截面线、点云拟合再进行拼接，封闭曲面生成实体。

图 9.4.1　制动盘实物图

2. 建立模型思路

如图 9.4.2 所示，测量后进行建模，先建立草图，采用 工具将建立的草图拉伸。

3. 建模步骤及尺寸

如图 9.4.3 所示，选择 xy 平面建立草图 1，画两个圆，直径分别为 295mm 和 150mm，推出草图拉伸高度 6mm；在上体面建立草图 2，画宽度为 6mm 的居中矩形，拉伸高度 8mm 的小凸台，对此凸台进行阵列（18 个，夹角 20°）；以中间面建草图 3（直径 295mm）并拉伸 6mm；建草图 4，直径 10mm，凹槽挖出中心孔；建草图 5，画圆，圆与中心孔边缘间距 6mm，拉伸 21mm；取顶部圆的边缘线向下拉伸 3mm；打孔，大孔直径 65mm，小孔直径 14mm。

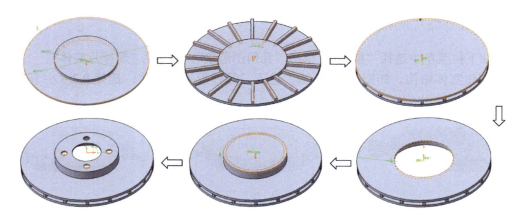

图 9.4.2 制动盘正向建模思路

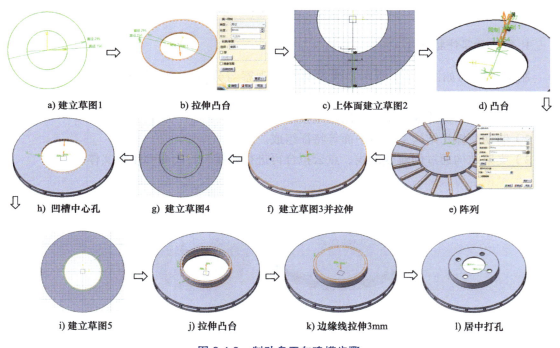

图 9.4.3 制动盘正向建模步骤

9.5 制动器活塞的设计

1. 制动活塞零件特点

制动活塞实物如图 9.5.1 所示,通过对实物观察与分析,可知其结构特点主要有以下几方面:

1) 制动活塞成形主要采用拉伸冷成形或浇铸等方法。
2) 制动活塞结构主要为圆柱结构。

图 9.5.1 制动活塞实物图

第 9 章 综合训练：汽车制动器结构设计

2. 建立模型思路

如图 9.5.2 所示，制动器活塞是个圆柱，先做出草图 1（圆直径 54mm），拉伸出一个圆柱（高度 57mm），采用 🔧 工具把中间的部分去掉（抽壳厚度取 7mm），圆柱底部倒圆（外倒圆 8mm，内倒圆 5mm），在竖直平面（zx 平面）建立草图 2，画小矩形（图 9.5.2f），以圆柱中心为中心线，以草图 2 为轮廓进行旋转槽，最后对槽边缘线进行倒圆（倒圆 1mm）。

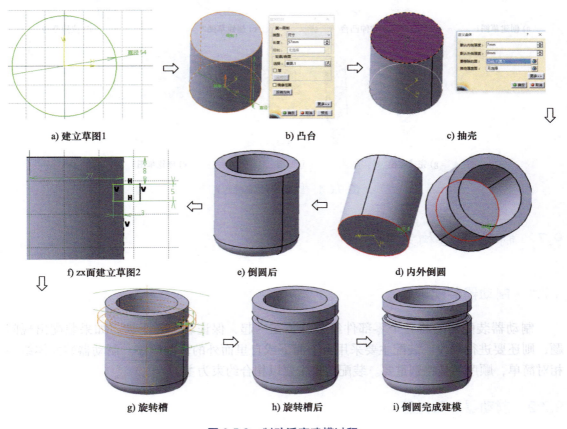

图 9.5.2　制动活塞建模过程

9.6　制动器架上面导柱的设计

1. 制动导柱零件特点

制动导柱结构主要为圆柱结构。

2. 建立模型思路

如图 9.6.1 所示，创建草图 1，画圆（直径 12mm），拉伸圆柱（高度 42mm）；在圆柱顶部创建草图 2（直径 7.5mm），拉伸圆柱（高度 12mm）；在大圆柱底面创建草图 3。

211

用 ▢◇△○○○○ 工具，六边形中心与圆柱中心相合，边长 4mm。

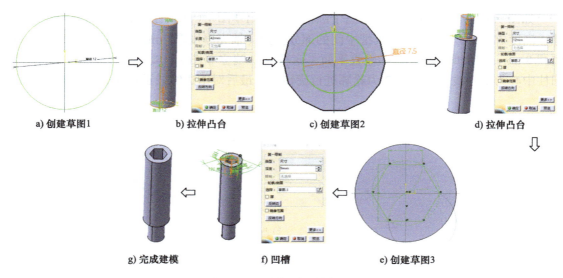

图 9.6.1 制动导柱建模过程

9.7 制动器结构装配

9.7.1 制动器装配思路

制动器装配需要将各个零部件组合总装在一起，保证装配无干涉。如果装配出现问题，则还要进行修改。装配主要采用自上而下或自里而外的装配顺序。制动器装配体结构相对简单，顺序不是特别重要。装配约束主要以相合约束为主。

9.7.2 制动器装配过程

1. 创建一个 product 文件

进入"机械设计"的"装配设计"模块，单击新建并确定，然后在树状图的 Product 上右键单击，单击属性，将名称改为制动器（图 9.7.1）。

2. 导入所有模型

首先单击树状图上的"制动器"，选择 工具，找到保存的零件文件，选择所有零件后单击"打开"（图 9.7.2）。

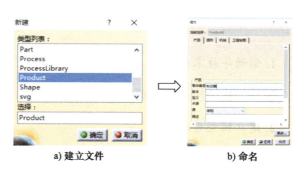

a) 建立文件　　　　b) 命名

图 9.7.1 制动器装配过程（一）

第 9 章 综合训练：汽车制动器结构设计

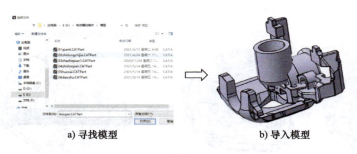

a) 寻找模型　　　　　　　　　b) 导入模型

图 9.7.2　制动器装配过程（二）

3. 进行导柱与支架的装配

如图 9.7.3 所示，先将导柱装在制动器支架上，由于导柱位置不合理，可以将导柱翻转一下，采用 ![] 工具调整导柱到方便约束的位置；再采用 ![] 工具，先选中支架上孔的轴线，选择导柱的轴线，相合后，如果发现不方便约束，则可以采用 ![] 工具调整导柱位置；选择导柱的台阶面与支架的面相合 ![] ；单击 ![] 更新后得到最后的装配结果。

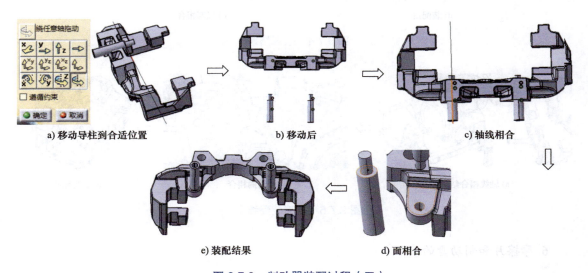

a) 移动导柱到合适位置　　　　b) 移动后　　　　c) 轴线相合

e) 装配结果　　　　　　　　　d) 面相合

图 9.7.3　制动器装配过程（三）

4. 活塞与制动钳体的装配

隐藏其他的部件，只显示制动钳体和活塞两个部件，采用 ![] 工具将钳体活塞孔的轴线与活塞轴线相合。相合之前先观察活塞位置，如果不合适可以采用 ![] 工具将活塞移动或旋转，以便相合；也可以采用拖拽指南针到目标零件表面，然后用鼠标沿着指南针绿色线移动或旋转，以此变换零件位置。将活塞孔底面与活塞底面相合，如图 9.7.4 所示。

5. 钳体与支架的装配

显示出所有的部件，移动支架到合适的位置，将钳体孔的轴线与导柱轴线相合，支架上的面与钳体上的面相合，最终得到支架的装配，如图 9.7.5 所示。

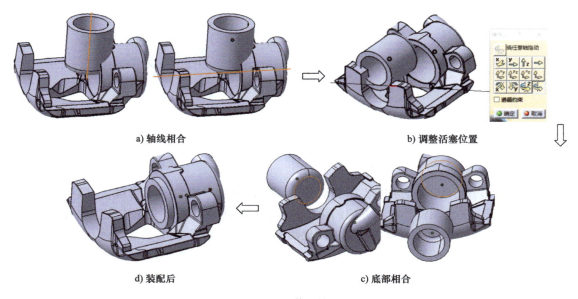

图 9.7.4 装配结果

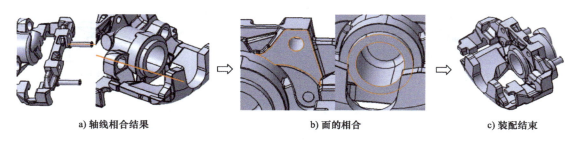

图 9.7.5 支架装配结果

6. 摩擦片和制动盘的装配

将摩擦片和制动盘导入钳体和支架,摩擦片主要采用移动的方法,使其处于支架和钳体之间,采用 工具将制动盘与摩擦片相合,如图 9.7.6 所示。

图 9.7.6 摩擦片、制动盘装配结果

9.7.3 制动器装配干涉检查

找到并单击 命令，在系统弹出的"检查碰撞"对话框上单击"应用"，对装配体进行检查，如图9.7.7所示。系统显示编号3的制动摩擦片与制动活塞干涉，单击编号3显示出活塞与制动摩擦片的干涉情况，可以看到是制动摩擦片的弹簧片与活塞内壁干涉，此处的干涉属于正常情况。如发现有干涉现象，则需要重新装配或修改模型。

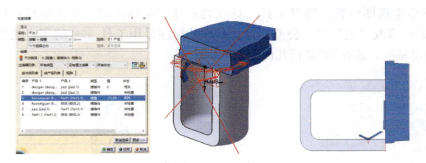

图 9.7.7　干涉检查

9.8　制动器支架工程图

9.8.1　进入工程制图模块

打开制动器支架几何模型，进入"机械设计"模块，选择"工程制图"，如图9.8.1所示。在弹出的对话框"创建自动工程图"中，单击修改设置图纸大小A0ISO，比例选择1∶1，接着布局选择"空图纸"。

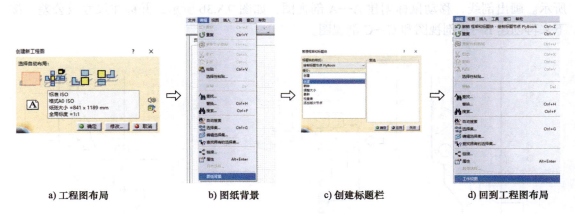

a) 工程图布局　　　　b) 图纸背景　　　　c) 创建标题栏　　　　d) 回到工程图布局

图 9.8.1　进入工程制图

进入工程制图界面，界面中为空白状态，单击下拉菜单"编辑"，选择"图纸背景"，找到图标 □，单击确定创建标题栏。再单击下拉菜单"编辑"的"工作视图"，回到工程制图界面。

9.8.2 绘制制动器支架工程图

1. 创建主视图及标注

如图 9.8.2 所示，创建主视图，首先单击 工具，软件界面左下角会提示"在 3D 几何图形上选择参考平面"；通过下拉菜单"窗口"切换到 3D 零件模型界面，如图 9.8.2b 所示，通过按钮调整主视图位置。通过工具 标注其尺寸，在标注的尺寸上鼠标右键单击"属性"，通过属性修改"值"与"公差"等。基准的标注采用工具 的 ，选择基准所在尺寸线标注出基准，选择 进行几何公差的标注。

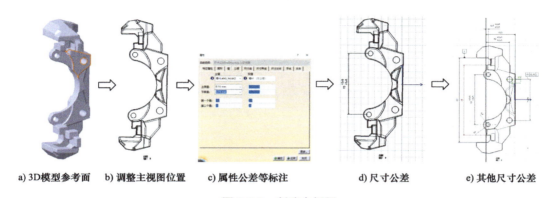

a) 3D模型参考面　　b) 调整主视图位置　　c) 属性公差等标注　　d) 尺寸公差　　e) 其他尺寸公差

图 9.8.2　创建主视图

2. 创建剖视图

如图 9.8.3 所示，在步骤（1）创建的主视图中，选择工具 的 ，如图 9.8.3a 所示。画出剖线，移动鼠标创建 A—A 剖视图，如图 9.8.3b 所示，并标注尺寸及公差，接下来再创建 B—B 剖视图和 C—C 剖视图。

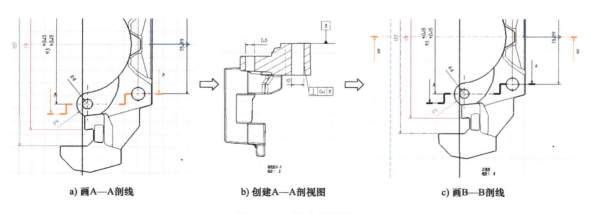

a) 画A—A剖线　　　　b) 创建A—A剖视图　　　　c) 画B—B剖线

图 9.8.3　创建剖视图

第 9 章 综合训练：汽车制动器结构设计

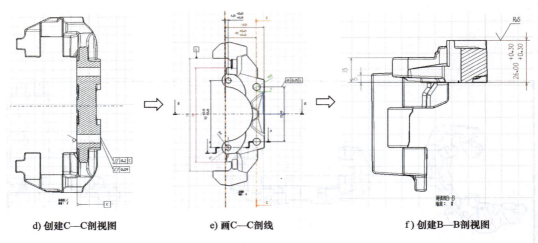

d) 创建C—C剖视图　　　　　e) 画C—C剖线　　　　　f) 创建B—B剖视图

图 9.8.3　创建剖视图（续）

3. 创建左视图及其剖视图

如图 9.8.4 所示，通过主视图创建左视图，选择工具 中的 ，投影出左视图；再采用工具 创建 D—D 剖视图和 E—E 剖视图。

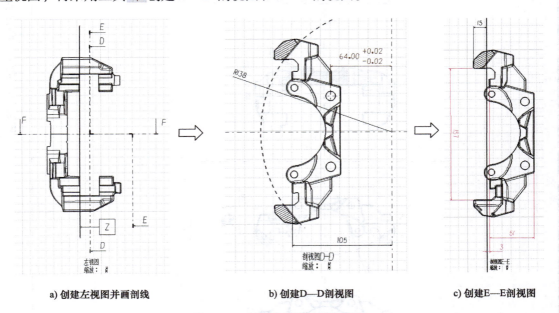

a) 创建左视图并画剖线　　　　b) 创建D—D剖视图　　　　c) 创建E—E剖视图

图 9.8.4　创建左视图及其剖视图

4. 完成制动器支架工程图

完成制动器支架工程图，如图 9.8.5 所示。

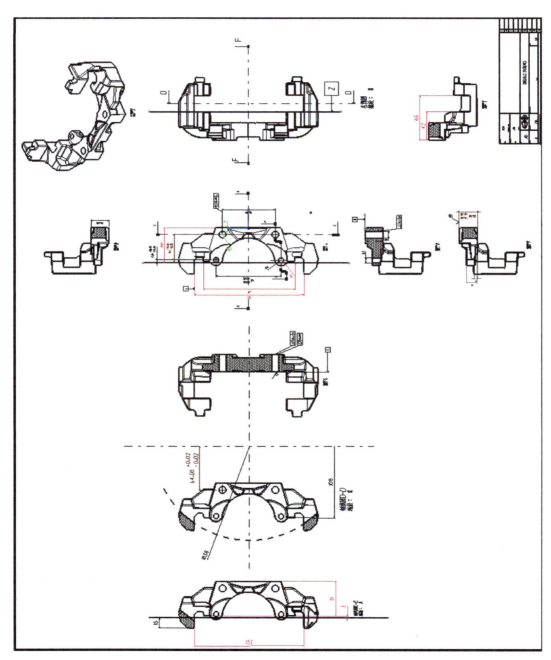

图 9.8.5 完成制动器支架工程图

第9章 综合训练：汽车制动器结构设计

9.9 总结

本章主要完成了制动器结构的逆向设计、正向设计、装配设计。如图9.9.1所示，主要完成了制动器钳体、制动器支架、制动器摩擦片的结构逆向设计；如图9.9.2所示，完成了制动器活塞、制动器制动盘的结构正向设计；如图9.9.3所示，完成了制动器的整体装配；如图9.9.4所示，完成制动器支架工程图。

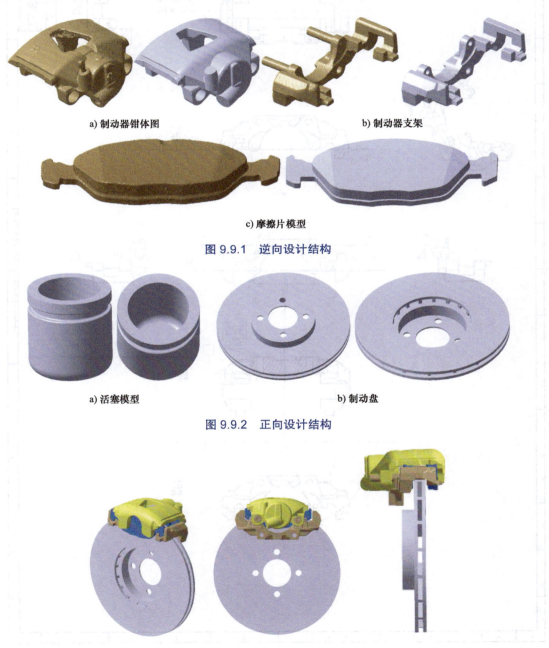

a) 制动器钳体图　　　　　　　　　　b) 制动器支架

c) 摩擦片模型

图 9.9.1　逆向设计结构

a) 活塞模型　　　　　　　　　　b) 制动盘

图 9.9.2　正向设计结构

图 9.9.3　装配整体模型

219

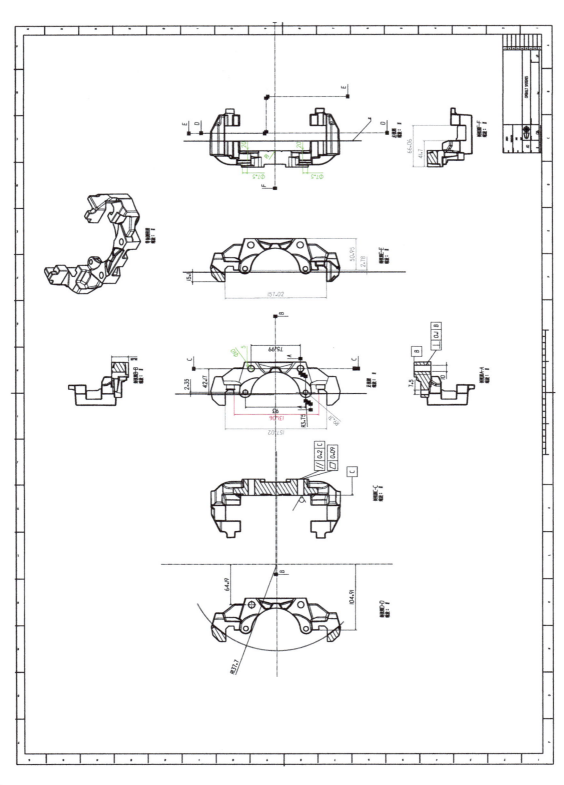

图 9.9.4 制动器支架工程图